Dieses Buch ist für

Matthias Morgenroth

Sternenfänger in dunkler Nacht

Matthias Morgenroth

Sternenfänger in dunkler Nacht

★★★

Von biblischen Abenteurern

Kösel

Für Britta

Mit Illustrationen von

Matthias Morgenroth

Am Anfang …

Plötzlich lag ein Wispern in der Luft. Ich saß am offenen Fenster und knabberte an meinem Bleistift, Papier auf den Knien und das dicke Buch auf meinem Schreibtisch. »Lass mich auch mal sehen«, konnte ich eine leise Stimme wispern hören.

Verwirrt sah ich mich im Zimmer um. Die Stimme kam doch von irgendwo hier drin!

Da sah ich plötzlich, wie dort drüben auf meinem Schreibtisch jemand leise zwischen den Seiten des Buchs auftauchte und vorsichtig um die Ecke spähte. Zu mir herüber! Nun könnt ihr euch vorstellen, dass es einigermaßen merkwürdig ist, an einem blauen duftenden Abend von einer kleinen Gestalt beobachtet zu werden, die aus einem dicken Buch herauslugt! Ich wusste nicht, was ich machen sollte, also hielt ich erst mal still und tat so, als hätte ich nichts bemerkt.

»Jetzt bin ich dran«, sagte da eine tiefere Stimme, immer noch im Flüsterton. Und prompt sah ich eine zweite lange Nase zwischen den Buchseiten hervorspitzen.

Wer war das?

Da passierte es! Ich sah, wie die kleine lange Nase zu zittern begann, dann ich hörte ein lautes Niesen – und schwupps purzelte jemand unter dem Buchdeckel hervor und rollte über meine Schreibtischplatte.

Vor Überraschung vergaß ich, dass ich ja so tun wollte, als hätte ich nichts bemerkt, und riss den Mund auf.

»Verzeihung«, murmelte die kleine Gestalt auf meinem Schreibtisch, sah unsicher zu mir auf und krabbelte eilig zum Buch zurück – dann hielt sie doch inne und drehte sich zu mir.

»Äh – ja, äh«, hörte ich die kleine Gestalt, die nicht größer war als meine Hand, verlegen stammeln. Es war ein kleiner alter Mann, wie ich jetzt erkennen konnte.

»Gott zum Gruße«, sagte der kleine Mann schließlich geschraubt, während er sich würdevoll den Staub von seinem langen dunklen Gewand klopfte. »Ich sehe, wir sind entdeckt worden.«

Als er das sagte, konnte ich plötzlich viele neugierige Augen zwischen den Buchseiten hervorblitzen sehen. Da! Zwei, nein, drei, vier, fünf, zehn merkwürdig gekleidete Leute rannten eilig aus dem Buch heraus auf meinen Schreibtisch. Und noch mehr kletterten hinterher.

»Wer seid ihr?«, fragte ich vorsichtig.

»Darf ich mich vorstellen«, sagte der kleine alte Mann, der geniest hatte, »ich heiße König Salomo.«

»Ich bin Goliat«, rief ein dicker Kerl laut.

»Und ich bin Mirjam«, piepste ein Mädchen mit einer Trommel in der Hand, und schon schrien alle durcheinander. »Ich bin Jesaja«, konnte ich hören. »Gestatten, Ahab« und »Samuel«, »Ester«, »Noah«, »Rut«, »Jeremia«, »Debora«, »Juda«, »Josef«, »Jakob«, »Jonatan«, »Abel« – es war ein heilloses Tohuwabohu!

Da erklangen über alle aufgeregten Schreie hinweg beruhigende Harfentöne, und im selben Moment trat ein wuscheliger Junge nach vorne, seine kleine Harfe lässig in der linken Hand.

»Ich bin David«, sagte er und verbeugte sich leicht vor mir. »Auf mich kannst du doch nicht verzichten, oder?«

Erstaunt sah ich ihn an. Was sollte das heißen? Was wollte die ganze Bande von mir?

»Ah – ähm, wir haben gehört, dass du vorhast, von uns zu erzählen«, meldete sich König Salomo wieder zu Wort, doch ehe er weiterreden konnte, drängelte sich ein kleiner Mann nach vorne und rief: »Ich bin Jona, und ich muss auf alle Fälle in deinem Erzählbuch vorkommen!«

»Du?«, fragte ein junger Mann. »Du bist doch nicht einmal wirklich so passiert!«

»Na und«, sagte Jona trotzig. »Vielleicht bin ich nicht wirklich, aber ich bin trotzdem wahr! Und außerdem bist du auch nicht genau so passiert, wie du es immer erzählst, Mose!«

Der junge Mann, der Mose sein musste, wurde rot und schwieg.

»Ähäm«, mischte sich König Salomo wieder ein. »Wir haben gehört, dass du nur einige ausgewählte Geschichten aus der Bibel erzählen willst, stimmt das?«

Ich nickte. »Ja, die schönsten.«

»Ich bin am schönsten«, rief da eine Frau und trat hervor. »Ich bin die Königin von Saba!«

»Nein«, sagte ich schnell, »nicht nur die schönsten, sondern auch die wichtigsten!«

»Wir sind am wichtigsten«, meldete sich da ein junges Paar, das nackt war. Das mussten Adam und Eva sein! »Ohne uns ginge die Geschichte der Welt überhaupt nicht los!«

»Aber natürlich kann die Geschichte der Welt auch ohne euch beginnen!«, rief einer, der sich vorher Noah genannt hatte. »Ihr beide seid doch auch bloß erfundene Personen in einer erfundenen Geschichte, so wie sich die Menschen eben früher die Entstehung der Welt vorgestellt haben. Ich erzähle meinen Kindern immer, dass die Welt in sieben Tagen erschaffen wurde, und Adam und Eva kommen dann gar nicht vor! Und dann sage ich meinen Kindern, dass auch das mit den sieben Tagen nur eine schöne Vorstellung ist. Eine Geschichte eben, um uns zu zeigen, dass alles, was ist, von Gott kommt! Jawohl!«

Adam und Eva schauten betreten zu Boden. Noah wandte sich zu mir. »Du siehst, du kannst auch ohne Adam und Eva anfangen zu erzählen.«

»Wie viele Geschichten sollen es denn werden?«, fragte König Salomo.

Ich schaute unsicher in die Runde und sagte dann: »Neun!«

»Nur neun?« – Ein empörtes Raunen ging durch die Menge der kleinen Gestalten auf meinem Schreibtisch.

»Sagen wir zwölf«, schlug einer vor.

»Ich weiß, ihr seid alle sehr wichtig, aber ich – ich habe eben nur Platz für neun Geschichten«, sagte ich entschuldigend.

König Salomo legte die Stirn in Falten und meinte dann würdevoll: »Bedenke: Menschen leben von Geschichten. Sie werden nur satt, wenn sie genügend Geschichten zum Leben haben! Und zwar Geschichten, die vom Leben selbst handeln! Von Gut und Böse und Frieden und Liebe und Gott und Himmel und Erde und auch von uns selbst! Ohne solche Geschichten vom Leben magern die Menschen ab! Da sollen neun Geschichten genügen, damit die Kinder satt werden, die dein Buch dann lesen?«

»Nein«, sagte ich rasch, »aber andere können ja auch noch Ge-

schichten erzählen und neun Geschichten passen ganz genau gut in mein Buch, damit es nicht zu dick wird. Dann können es die Kinder im Bett oder in der Hängematte lesen und die Erwachsenen auch.«

»Sagen wir zumindest elf Geschichten?«, rief da der von vorhin wieder.

»Wenn David vorkommt, dann komme ich auch vor«, grunzte Goliat und Jona reckte sich wieder und schrie laut: »Vergiss mich nicht! Stichwort Fisch!«

»Leute«, sagte ich ein wenig verzweifelt, »nicht wer am lautesten schreit, kommt mit in mein Erzählbuch!«

»Und was ist, wenn wir unter uns abstimmen, von wem du erzählst?«, fragte König Salomo schlau.

Da nickten sich die kleinen Gestalten gegenseitig zu und murmelten »jawohl« und »abstimmen, genau«, und Adam winkte gewinnend in die Runde.

Ich überlegte. Keine schlechte Idee. Sollten sie es doch unter sich ausmachen!

»Einverstanden«, sagte ich schließlich.

»Wir könnten doch sogar selbst erzählen«, sagte ein kleines Mädchen leise.

»Au ja«, rief Mirjam.

Alle blickten erwartungsvoll auf mich.

Ich schaute auf meinen zerkauten Bleistift. Das war die Lösung! Alle könnten ihre Geschichte selbst erzählen. Und ich würde mitschreiben!

»Das machen wir«, sagte ich. »Neun von euch erzählen mir ihre Geschichte. Einer nach dem anderen!«

»Dann kann ich ja vielleicht doch in deinem Erzählbuch vorkommen«, murmelte Adam, doch König Salomo winkte ab und Mose führte die ganze Mannschaft eifrig zurück in ihr Buch. Jona zwinkerte mir noch einmal vertraulich zu, bevor er zwischen die Buchdeckel kletterte.

Ich wartete eine Zeit lang. Aus dem Buch heraus war leises Gemurmel zu hören. Schließlich lugte König Salomo wieder hervor.

»Weißt du was?«, sagte er. »Wir erzählen dir davon, wie in unserem Leben immer wieder Gottes Friedenslicht aufblitzte. Wie wir plötzlich und unerwartet Gottes Nähe entdeckt haben. Wie es ist, wenn Gott zur Welt kommt.«

Da drängelte sich ein alter staubiger Hirte vorbei und keuchte: »Und wie wir gewartet haben! Ja, wie wir immer mehr gewartet haben, dass Gott uns nahe kommt! Das erzählen wir auch! Leute, ich kann euch sagen! Sternenfänger sind wir geworden! Ein bisschen Himmelslicht konnten wir empfangen. Das Licht der Welt! Ich habe es gesehen!«

»Darf ich dir Grauhirte vorstellen?«, sagte König Salomo. »Er wird ganz am Ende deines Erzählbuchs vorkommen, wenn du nichts dagegen hast.«

»Aber nein«, sagte ich und war sehr gespannt auf den Grauhirten und das Licht der Welt und all die anderen Geschichten. »Fangt einfach an zu erzählen!«

»Ach ja«, meinte König Salomo da noch. »Abraham, Lot und Sara können sich nicht einigen, wer ihre Geschichte erzählen darf. Und David meint, er könne nicht so gut erzählen, sondern nur gut singen. Und Jona will unbedingt vorkommen, meint aber, das, was er erlebt hat, können andere besser darstellen.«

»Und was bedeutet das?«, fragte ich unsicher.

»Das bedeutet, dass du in diesen drei Fällen selbst erzählen musst!«, sagte König Salomo bestimmt. »Aber keine Angst, wir helfen dir!«

Ich nickte gehorsam. Ausgemacht ist eben ausgemacht, und schließlich hatte ich ja gesagt, dass meine kleinen Freunde selbst entscheiden sollten, was mit ihnen und ihren Geschichten passiert.

König Salomo nickte noch einmal, hob winkend die Hand und verschwand wieder. Dann kletterte das kleine Mädchen von vorhin aus dem Buch, setzte sich sachte neben mich und sah mich aufgeregt an.

»Also«, wisperte es mir zu und lächelte leise. »Wir fangen an ...«

Das Weltenschiff

★ ★ ★

Eine Geschichte von Noah

Wo wir wohnen, wispern dicke Bäume leise und verträumt ihre alten Geschichten. Im Sommer wogen die Wiesen im Wind und unten beim Bach quaken die Frösche. So ist es bei uns, solange ich denken kann.

Es begann alles mit dem Tag, an dem mein Vater weinend nach Hause kam. Und wer weiß, was passiert wäre, wenn er nicht Mitleid gehabt und geweint hätte! Dann wäre vielleicht die Geschichte der Welt ganz, ganz anders verlaufen.

Mein Vater ist ein guter Vater, und wir sind seine Familie. Wir, das sind: meine Mutter, meine Brüder Sem, Ham und Jafet und ich, ihre Schwester. An dem Tag, an dem mein Vater weinend nach Hause kam, hatten die Kinder auf dem Nachbarhof ihren kleinen Bruder mit Steinen beschmissen, bis er schrie, einfach so, als Spiel. Und mein Vater hatte es mit ansehen müssen. Aber er hatte nichts tun können, denn bevor er da war, blutete der kleine Bruder schon am Kopf.

»Schau dir«, sagte mein Vater an diesem Tag zwischen zwei Schluchzern zu meiner Mutter, »schau dir die Welt an und sage mir: Was ist daran noch gut?« Natürlich weiß ich, dass wir Kinder seine Worte nicht hören sollten, aber wir haben sie trotzdem gehört, meine Brüder und ich. Doch keiner von uns hat den anderen dabei angeschaut.

»Die Kinder schlagen sich gegenseitig und die Oberen planen sich totzuschlagen und nennen es einen gerechten Krieg. Wie die Tiere fallen sie übereinander her! Und wenn sie sich nicht untereinander streiten, machen sie aus grünem Land eine Wüste und schlagen die Bäume um. Ach, mein Herz, sag es mir, wo ist das Gute hin?«

Meine Mutter schwieg an diesem Tag, und dass sie schwieg, hieß nichts Gutes.

»Von oben bis unten ist die Schöpfung schlecht!«, rief mein Vater. »Und die Menschen – ach von denen will ich gar nicht reden! Gott im Himmel, was soll aus uns werden!«

Die Schöpfung sollte von oben bis unten schlecht sein? Das gab mir zu denken, denn die Schöpfung, das hatte mein Vater oft erzählt, die Schöpfung war gut! Die Wiesen und Bäche und Frösche waren wunderbar, bloß weil sie da waren. Und der Himmel und das Meer waren wunderbar, bloß weil sie da waren, und auch die Menschen waren gut!

Unser Vater hat uns die Geschichte, wie Gott die Welt geschaffen hat, immer so erzählt: »Stellt euch vor«, pflegte er zu sagen, »alles ist weg. Nichts ist mehr da. Kannst du dir das vorstellen?«

Ich kann es mir nicht vorstellen, aber mein Bruder Jafet sagt, er kann es sich vorstellen.

»Im Anfang schuf Gott Himmel und Erde«, erzählt mein Vater dann weiter. »Denn alles muss einen Anfang gehabt haben, und aller Anfang kommt von Gott. Am Anfang ist alles durcheinander und nichts ist geordnet. Irrsal und Wirrsal, Finsternis über und über, und der Geist Gottes über den Wassern.«

Irgendwie ist es, als wäre diese Geschichte so alt wie die Welt, finde ich. Mein Bruder Jafet sagt, die Welt ist genau vierzigtausendzweihundertundzwei Jahre alt, aber ich glaube, das hat er sich nur ausgedacht.

»In sieben Tagen könnte Gott die Welt geschaffen haben«, erzählt mein Vater. Aber vielleicht kennst du die Geschichte ja auch, weil dein Vater oder deine Mutter sie dir erzählen, und deswegen weißt du ja, wie sie weitergeht und wie Gott rief: »Es werde Licht!« und es Licht wurde. Und wie er rief: »Land soll werden und Meer!« Und wie er rief: »Die Erde soll sprießen lassen Gespross und Gekraut, Gestrüpp und Gedorn und Bäume und Früchte und Kartoffeln.«

Mein Bruder Jafet meint, Gott habe sich sicher versprochen und das Gestrüpp und Gedorn nicht herbeigerufen. Aber mein großer Bruder Sem meint, wenn Gott alles geschaffen hat, dann hat er alles geschaffen, auch das Gestrüpp und Gedorn, und wird sich etwas dabei gedacht haben.

Auf jeden Fall hat Gott nur rufen müssen, und es geschah so.

Sonne, Mond und Sterne hat er in die Welt gerufen und in den Himmel gesetzt und dann hat er gesagt: »Im Wasser wimmle es von Gewimmel, und im Himmel flattere es von Geflatter!« Ich stelle mir manchmal vor, er hätte es umgekehrt eingerichtet, und gesagt: »Im Wasser wimmle es von Geflatter und im Himmel flattere es von Gewimmel!« Das wäre ein Durcheinander! Andererseits würden wir vielleicht gar nicht merken, dass es ein Durcheinander wäre, weil wir ja gar nicht wüssten, dass es falsch herum gesagt ist.

»Dann«, so erzählt mein Vater weiter, »dann, am sechsten Tag, sagte Gott zu sich: ›Lasst uns Menschen machen nach unserem Bilde, uns zum Gleichnis.‹ Und Gott schuf den Menschen nach seinem Bilde, im Bilde Gottes schuf er ihn, als Mann und als Frau schuf er sie und segnete sie und sprach zu ihnen: ›Fruchtet und mehret euch und füllt die Erde und waltet über die Tiere und Pflanzen, auf dass ihr sie bewahrt!‹«

An dieser Stelle fragt mein Bruder Jafet immer, was denn »fruchten und mehren« heißen soll, und warum denn Gott nicht einfach gesagt hat, die Menschen sollen Kinder kriegen. Darauf weiß mein Vater dann auch keine Antwort. Auf jeden Fall ruhte am siebten Tag Gott von seiner Arbeit und sah sich die Schöpfung an, vom Himmel bis zur Erde, vom Gewimmel und Geflatter und Gebirge und Gewölbe und Gespross bis zum kleinsten Gewürm und zum Menschen und sagte: »Siehe, es ist sehr gut.«

Und an diesem Tag, an dem mein Vater über all das Böse in der Welt weinen musste, musste ich immer und immer wieder an diese alte Geschichte von der guten Schöpfung denken. Denn jetzt war ja alles anders. Nichts war mehr gut. Gott selbst war vielleicht auch nicht mehr gut. Denn an diesem Tag hat Gott zu meinem Vater gesprochen, draußen auf der Wiese bei den alten Bäumen.

»Noah«, sagte Gott, denn mein Vater heißt Noah. »Mich reut es, dass ich die Menschen geschaffen habe, denn groß ist die Bosheit der Menschen und alles, was sie in ihrem Herzen planen, ist böse von klein auf!«

Mein Vater schloss die Augen und öffnete sie wieder, und immer noch hörte er Gottes Stimme.

»Wegwischen will ich vom Antlitz des Ackers den Menschen, den ich geschaffen habe, und alles, was lebt, vom kleinsten bis zum größten Tier. Du aber, Noah, hast Gnade gefunden vor meinen Augen. Du hast Mitleid mit meiner Welt!«

Das alles hörte mein Vater und wartete ab. Was sollte das heißen? Was sollte es bedeuten, Gnade gefunden zu haben vor Gottes Augen? Das hat Gott ihm alles genau erklärt, denn als mein Vater vom Feld nach Hause kam zu uns, wusste er es. Er warf die Arme in die Höhe und sagte: »An die Arbeit! Wir sollen einen Kasten bauen, eine Arche aus Tannenholz, drei Stockwerke hoch und wasserdicht, denn Gott wird die Schleusen des Himmels und die Brunnen der Tiefe öffnen und das grausige Wassermeer wird alles Leben auf der Erde überschwemmen. Wir aber haben Gnade gefunden vor seinen Augen und sind seine Verbündeten geworden.«

»Aber wieso will Gott die Erde überschwemmen?«, fragte ich.

»Weil seine Geduld zu Ende ist«, sagte unser Vater. »Wir aber, du und Sem und Ham und Jafet und unsere Mutter und unsere ganze Familie sind dazu berufen, das Leben auf der Erde zu retten, Tier für Tier, groß und klein. Warte es ab, dann wirst du es sehen.«

So sagte Noah, unser Vater.

Was haben wir gearbeitet! Mein Vater und meine großen Brüder haben Tannen gefällt, und meine Mutter und ich haben die Äste von den Stämmen abgeschlagen. Wir haben Bretter geschnitten, wir haben schwarzes Pech gerührt und Brote gebacken und Gras geschnitten, eine Woche lang von früh bis spät. Dann war die Arche fast fertig, drei Stockwerke hoch und mit Pech wasserdicht gemacht.

»Jetzt ist Noah verrückt geworden«, sagten die Leute. »Er baut ein Schiff auf dem Trockenen!«

Doch mein Vater kümmerte sich nicht um ihre Spottlieder, sondern baute weiter, und wir bauten mit. Brett um Brett, Stamm um Stamm.

»Wie sollen wir denn bloß alle Tiere der Welt hier in die Arche bringen?«, fragte Jafet jede halbe Stunde.

Das wusste auch unser Vater nicht. »Gott wird wissen, was er vorhat«, sagte er dann.

Am Mittag des siebten Tages setzte unser Vater das letzte Brett ein. Die Arche war fertig.

Wir Kinder blickten lange hinaus über die Wiesen und Felder hinunter zum Wald und spielten ein Spiel. Einer muss sagen: »Ich bin eine Fliege und fliege um die ganze Welt, nirgends kann ich mich ausruhen, drum falle ich ins Wasser!« Dann kommt der Nächste und sagt zum Beispiel: »Ich bin eine Schnecke und krieche um den Baum herum, doch der Baum fällt um, drum falle ich ins Wasser!« Dann kommt der Nächste und sucht sich ein anderes Tier, das ein bisschen größer ist, und so geht es immer weiter, bis zu den ganz großen Tieren. Ham sagte: »Ich bin ein Hase und hopple um die ganze Welt, nirgends ist ein Kleeblatt, drum falle ich ins Wasser!« Sem sagte: »Ich bin ein Elefant und stampfe um die ganze Welt, nirgends ist ein Baum zum Ausreißen, drum falle ich ins Wasser!« Am Schluss sagte Jafet: »Ich bin ein Regenwurm, ich warte auf den Regen, ätsch!«

»Kannst du dir vorstellen, alles Land ist weg?«, fragte mich Sem.

Ich konnte es mir nicht vorstellen, aber Jafet sagte, er könne es sich vorstellen, aber was er sich nicht vorstellen

könne, das sei, wie denn alle Tiere der Welt in die Arche kommen sollen.

Doch sie sind gekommen! Das kannst du mir glauben. Von jeder Tierart, die du dir vorstellen kannst, kamen ein Männchen und ein Weibchen. Ich habe gesehen, wie die Heuschrecken, Marienkäfer, Ameisen, Mäuse, Kaninchen, Rehe, Hirsche, Nashörner, Paviane, Giraffen, Zebras, Esel, Pferde, Kühe, Nasenbären und Eichhörnchen kamen.

Sem hat gesehen, wie die Hunde, Katzen, Schweine, Hühner, Truthähne, Auerhähne, Birkhähne, Schneehühner, Berghühner, Spatzen, Schwalben, Tauben, Meisen, Amseln, Wiedehopfe, Raben, Schafe, Ziegen und die Elefanten hineinmarschierten. Und auf dem Rücken der Elefanten saßen die Schnecken, um noch rechtzeitig in die Arche zu kommen, so hat Sem es gesehen.

Ham hat gesehen, wie die Schwarzbären, Eisbären,

Braunbären, Antilopen, Löwen, Tiger, Panter, Nilpferde, Wölfe, Elche, Hasen, Spechte und die Maulwürfe ankamen, und er hat sich besorgt gefragt, ob denn drinnen die Tiger die Antilopen fressen werden oder die Wölfe die Maulwürfe. Doch alle waren friedlich.

Jafet hat gesehen, wie die Spinnen, Läuse, Flöhe, Siebenschläfer, Fledermäuse, Eidechsen, Krokodile, Schlangen und Schildkröten eingestiegen sind, und er hat sich gefragt, ob es denn sein muss, dass auch die Flöhe und Läuse mit an Bord gehen. Aber Sem sagte, wenn Gott alle Tiere retten will, dann wird er sich etwas dabei gedacht haben. Und deswegen haben wir auch Flöhe und Läuse an Bord genommen. Sogar die Holzwürmer, selbst auf die Gefahr hin, dass sie zu hungrig sind und unser hölzernes Schiff zernagen könnten.

Dann habe ich übrigens noch die Steinböcke und Gämsen gesehen, die Graureiher und Klapperstörche, die Frösche und Lurche, die Grillen und die Kamele. Was meine Mutter und mein Vater und unsere Verwandten gesehen haben, das weiß ich nicht. Aber ich glaube schon, dass alle Tiere, die es auf der ganzen Welt gab, in der Arche waren, denn sie war rappelvoll und es blökte und gackerte und muhte und trompetete, dass es eine Freude war.

Nur wir Kinder standen noch draußen und warteten auf den Regen. Da fielen schon die ersten Tropfen. Da sickerte schon das Wasser herauf!

»Hinein, hinein!«, rief unsere Mutter und wir alle liefen in die Arche.

»Ist das das Ende der Welt?«, dachte ich. Plötzlich war ich so traurig, wie ich es gar nicht sagen kann.

Hinter uns wurde die Tür geschlossen. Sollte das ein Abschied für immer sein? Wo würde uns die Flut hintreiben? Sollten wir am Ende auch ertrinken, wie alle, die keine Arche hatten? War Gott ein Zerstörer? Wollte er diejenigen töten, die ihm nicht gefielen? Wer sollte die Welt beschützen, wenn nicht er?

»Mir ist kalt«, sagte Jafet, und ich merkte, dass auch ich am ganzen Leib zitterte.

Vierzig Tage und vierzig Nächte regnete es, und das ist eine lange Zeit. Bald schon trieb unsere Arche über der Wasserflut. Bald schon verschwamm die ganze Welt, die wir gekannt haben. Bald schon glitt alles vorbei, was uns vertraut war. Zuerst verschwanden die Büsche unter den Fluten, dann die Bäume. Dann wurden die Hügel überspült, dann die Anhöhen und dann die Berge. Wohin du schaust, nur Wasser. Kannst du dir vorstellen, alles ist weg?

Nach vierzig Tagen und vierzig Nächten hörte der Regen auf. Ganz plötzlich war es still geworden. Nur ganz leise tropfte es noch vom Dach der Arche. Wir lauschten.

Und plötzlich kam es uns so vor, als würde die Arche nicht mehr auf den Wellen schaukeln.

»Sitzen wir fest?«, fragte Jafet.

»Wir wollen sehen, ob die Flut ein Ende hat«, sagte da unser Vater und öffnete vorsichtig die Luke oben an der Arche und streckte die Hand hinaus.

»Ja, es stimmt, es regnet nicht mehr«, sagte er dann. »Aber gibt es schon trockenes Land irgendwo da draußen? Es könnte sein, dass wir auf einer Bergspitze festsitzen.«

»Lass doch einen Raben fliegen«, sagte ich zu ihm. »Wenn er einen Schlafplatz findet, dann wird er nicht zurückkehren. Aber wenn er kein Land entdeckt, kommt er wieder. Dann wissen wir, dass wir noch nicht aussteigen können!«

So machte es Noah, unser Vater. Er schickte einen Raben aus, um zu erkunden, ob die Erde noch über und über mit Wasser bedeckt war. Der Rabe flog eine große Runde und kam vollkommen erschöpft zurück.

»Noch gibt es kein Land«, sagte mein Vater daher und schloss die Luke wieder. Und wir warteten, angelandet auf einer Bergspitze, bis endlich, endlich die Wasser abgeflossen sein würden.

Am nächsten Tag schickte Noah eine Taube aus, damit sie nach Osten und Westen, nach Süden und Norden fliege, um zu erkunden, ob die Wasser abgelaufen seien. Doch auch die Taube kam zurück.

»Warten wir noch eine Woche«, sagte mein Vater daraufhin. Und das taten wir, auch wenn es dunkel und eng war bei uns in der Arche.

Nach einer Woche schickte mein Vater noch einmal eine Taube aus. Wieder kam sie zurück! Enttäuscht streckte mein Vater die Hand nach ihr aus um sie wieder hereinzuholen. Aber was war das? Im Schnabel trug sie einen frischen Ölzweig! Frisch und grün!

»Es gibt wieder Leben auf der Erde!«, riefen wir alle durcheinander. »Grüne Blätter wachsen schon! Die Bäume schauen schon wieder aus dem Wasser!«

»Warten wir noch eine Woche«, sagte mein Vater schließlich, »dann können wir vielleicht heraus.«

Noch eine letzte Woche saßen wir und warteten und bangten und erzählten uns all die Dinge, die wir tun wollten, wenn wir wieder aus der Arche draußen sein würden. Dann schickte mein Vater noch einmal die Taube los. Diesmal kam sie nicht wieder!

Jetzt öffnete mein Vater Noah die Decke der Arche und wir schauten heraus. Ja, wir waren auf einem Berggipfel, und um uns herum war wieder Land. Überall. Die Wasser waren abgeflossen und schon keimte frisches Grün!

»Hinaus! Wir können hinaus! Gott hat die Welt nicht untergehen lassen!« So riefen wir. Und wir spürten die Freude tief drin in uns brodeln.

»Loben und danken wir Gott!«, rief unser Vater. Und das taten wir auch.

Hinter uns streckten die Giraffen ihre Köpfe aus der Arche und schnupperten vorsichtig in die Luft. Dann begann ein großer Lärm, alles schrie und muhte durcheinander, die Elefanten trompeteten und die Pferde wieherten. Alle kamen sie aus der Arche gelaufen und freuten sich wieder an ihrer Freiheit, das konnte jeder sehen. Und es war, als nickten uns alle Tiere zum Abschied fröhlich zu, sogar die Schnecken auf ihren Elefantenrücken senkten zum Gruß ihre Hörnchen.

Am nächsten Tag kam unser Vater herbeigelaufen. Gott hatte wieder zu ihm gesprochen.

»Ich will hinfort die Erde nicht mehr strafen. Ich nehme die Menschen an, so wie sie sind, auch wenn sie manchmal Böses tun. Solange die Erde steht, soll nicht aufhören Saat und Ernte, Frost und Hitze, Sommer und Winter, Tag und Nacht.«

»Kommt alle heraus«, sagte unser Vater zu uns. »Gott hat es sich anders überlegt. Er will seine Geschichte mit uns Menschen nicht zu Ende gehen lassen. Er hat seinen Frieden mit uns und der Welt gemacht! Er will seine Hand schützend über diese Welt halten, wie unvernünftig wir Menschen auch sein mögen! Und schaut alle hinaus! Dort am Himmel steht sein Friedenszeichen!«

Wir liefen alle hinaus und sahen einen riesigen Regenbogen am Himmel stehen. In allen Farben schimmerte er und leuchtete groß über den grünen Hügeln.

»Ist das Gottes Friedenszeichen?«, fragte Jafet.

»Ja«, sagte unser Vater, »das ist es. Und ein Hoffnungsschimmer für die Welt.«

Das Versprechen

★ ★ ★

Eine Geschichte von Abraham und Sara

Die Stimme

Die Nacht wölbte sich hoch über die Erde, und unzählige Sterne standen am Himmel.

Abraham hob den Kopf.

Das Firmament war übersät von großen und kleinen funkelnden Lichtern, als hätte jemand allen Sand der Wüste in die dunkle Luft gewirbelt. Quer hindurch zog sich die Milchstraße wie weißer Glitzerstaub in der Unendlichkeit. Dort hinten stand der große Wagen, ein wenig höher konnte Abraham den kleinen Wagen erkennen. Auf der anderen Seite das Sternbild des Orion, und darüber winkte Kassiopeia.

Wie klein war die Erde gegen das unendliche All! Tausend und Abertausend Sonnen standen dort oben, umkreist von Planeten, deren Namen niemand kannte, und dahinter waren wieder Sterne und dahinter wieder und wieder und wieder!

Abraham starrte gebannt in die dunkle Nacht. Wie unbedeutend war er, wie groß und erhaben alles, was Gott geschaffen hatte! Was ist der Mensch! Nichts! Und wie er so dachte, war es, als drehte sich die Erde unter seinen Füßen weg.

»Gott ist groß«, dachte Abraham. »Unendlich ist er und ewig. Weit ist er und fern. Vielleicht thront er irgendwo zwischen all den Sternen, wer weiß! Vielleicht pulsiert seine Schöpferkraft in allem was ist, dort oben in der Unendlichkeit und hier unten bei uns, wer weiß! Aber niemand braucht sich einzubilden, dass Gott uns kleine Menschlein hier auf der Erde sieht. Niemand.«

Abraham ging still durch die schweigende Nacht, den Hügelrücken entlang. Es roch süß nach Nachttau und schlafenden Blumen. Vorsichtig ging er, denn er war alt geworden, und seine Füße waren nicht mehr so sicher, wie sie es einmal gewesen waren.

»Und auch ich brauche mir nicht einbilden, dass Gott auf mich sieht und mich hört. Was habe ich gehofft und gebetet, er würde uns ein Kind schenken. Umsonst! Jetzt ist Sara alt und ich habe weißes Haar, und Kinder können wir keine mehr bekommen. Einsam werden wir sterben, und niemand wird da sein, der um uns trauert.«

Abraham blieb stehen und lauschte in die Nacht. Wie friedvoll die Grillen zirpten! Eine tiefe Traurigkeit wehte ihn an.

»Abraham«, durchfuhr ihn eine Stimme von oben bis unten.

Abraham blieb erschrocken stehen.

Wer war da?

»Geh aus deinem Land und aus dem Haus deines Vaters in das Land, das ich dir zeigen will!«

Das konnte nur die Stimme Gottes sein, und Gottes Stimme war ihm so nah wie nichts und niemand zuvor es je gewesen war! Abraham lauschte durch und durch.

»Ich will dich zu einem großen Volk machen und will dich segnen und will deinen Namen groß wachsen lassen! Werde ein Segen! In dir will ich segnen alle Menschenfamilien auf Erden!«

Abraham zitterte. Wie konnte es sein, dass Gott hier unter dem unendlichen Sternenhimmel zu ihm sprach?

»Ich bin alt und schwach«, dachte er. »Ich soll aus meinem Land ziehen und alles hinter mir zurücklassen? Und wie willst du, Gott, mich zu einem großen Volk machen? Ich habe keine Kinder!«

»Abraham«, sagte Gott zu ihm. »Schau in den Himmel.«

Abraham hob die Augen zum Himmel. Die Sternenpracht nahm ihm fast den Atem.

»Zähle die Sterne! Kannst du sie zählen? So zahlreich werden deine Kinder und Kindeskinder sein!«

»Gott!«, rief Abraham. »Wie soll das gehen?«

Niemand antwortete mehr.

Nachtstille um ihn her.

Nur unzählige Sterne hoch am Himmel.

»Ich will dich segnen«, hatte Gott gesagt. Und: »Sei ein Segen!« Was war ein Segen? Wie konnte er ein Segen sein?

Schwierige Fragen. Doch Abraham glaubte der Stimme, die er gehört hatte. Er war zwar alt und schwach, aber er würde losziehen in das Land, das Gott ihm zeigen wollte! Alles zurücklassen! Neu anfangen! Gott hatte ihn gesehen! Gott hatte zu ihm gesprochen! Es war ihm, als wüchse er vor Freude in den Himmel!

Aufbruch

Und Abraham vergaß ganz und gar, wie alt er war. Er rannte den nächtlichen Bergrücken hinab, hinunter zu dem Haus, in dem schon sein Vater gewohnt hatte und in dem er geboren worden war. Mit Kraft riss er die Tür auf und stürmte hinein in die Küche, in der zwei Öllampen brannten und Sara am Spinnrad saß wie jeden

Abend. Erstaunt hob sie den Kopf und sah ihn an, von oben bis unten.

»Du schaust aus wie neugeboren«, sagte sie. Doch er hörte gar nicht zu, sondern packte sie und zog sie hoch von ihrem Stuhl, auf dem sie immer saß, als könnte er es nicht ertragen, noch einen Augenblick länger in diesem alten Haus zu bleiben.

Und dann verschluckte er sich fürchterlich vor Aufregung, denn er wusste nicht, wo er anfangen sollte zu erzählen, was ihm widerfahren war. »Gott – losziehen – aufbrechen – Segen sein!«, hustete er, und als Sara endlich alles verstanden hatte, zitterte auch sie, noch mehr als gewöhnlich, und ihre Augen leuchteten.

Noch in derselben Nacht packten Abraham und Sara alles zusammen, was sie hatten. Sie nahmen ihre Dienstleute, riefen ihre Schafe, Rinder, Kamele und Esel zusammen und nahmen ihre Zelte und Kessel.

»Komm«, sagte Abraham schließlich, als schon der Morgen graute. Aufgeregt stand er an der Tür.

»Ja«, sagte Sara und warf noch einmal einen Blick zurück in das leere Haus. Wie alt und grau es war! Wie verstaubt und versponnen! Wie hatten sie es nur hier aushalten können, all die Jahre! Und dort die Spinnweben!

»Es hätte sowieso mal wieder geputzt gehört«, murmelte Sara und wandte den Blick nach vorn.

Hinter ihr schloss Abraham leise die Tür. Und dann zogen sie fort aus dem Land Ur, alt und weiß, wie sie waren, um noch einmal ganz neu anzufangen.

Sie verließen das Haus, in dem sie Tag für Tag gelebt hatten, und wenn sie jemand fragte, wohin die Reise denn gehen sollte, dann sagten sie: »In das Land, das Gott uns zeigen will.« Und sie vertrauten darauf, dass Gott sie führen würde. Abrahams Neffe Lot und dessen Frau zogen mit ihnen. Zumindest bis sie nach Sodom kamen. Dort trennten sich ihre Wege und Lot ließ sich mit seiner Frau in Sodom nieder.

Abraham und Sara zogen von Ost nach West, von Norden nach Süden, sie zelteten, wo Wasser war, und ließen ihre Tiere weiden, wo Gras war. Die Welt war so weit geworden für sie! Sie konnten sich schon längst nicht mehr vorstellen, wie klein und eng das Leben einst gewesen war, in ihrem alten, verstaubten Haus in Ur. Tagtäglich wurden sie jünger, zumindest kam es ihnen so vor.

Doch auch während man wandert, streicht die Zeit vorüber. Es wurde Herbst und Winter und Frühling und Sommer. Die Bauern säten das Korn und die Vögel sahen zu, wie es wuchs. Die Bauern ernteten ihren Weizen, die Müller mahlten das Korn und die Bäcker backten Brot. Abraham und Sara zogen weiter.

Die Städter brannten Ziegel und bauten Häuser und schauten aus ihren Fenstern, wo die Kinder spielten, und sie jäteten das Unkraut in ihren Gärten. Sie handelten auf dem Markt und glotzten neugierig, wenn fremde Menschen vorbeigingen. Karawanen aus fernen Ländern kamen und gingen wieder, und sie brachten bunte Stoffe und scharfe Gewürze. Abraham und Sara zogen weiter.

Tag um Tag verstrich, Jahr um Jahr verstrich, und manchmal wurde Abraham still und traurig. Wo war das Land, das Gott ihnen zeigen wollte? Wo waren die Kinder und Kindeskinder, die ihnen verheißen waren? Das Haar auf seinem Kopf war ja schon lange weiß gewesen, aber jetzt gingen ihm die Haare auch noch aus! Hatte Gott ihn vergessen?

Abraham sagte nichts zu Sara, und Sara sagte nichts zu Abraham. Aber beide wussten, dass jeder sich schwere Gedanken machte. Wie sollten sie ein Segen sein für diese Welt?

Die Besucher

Abraham und Sara lagerten mit ihren Leuten bei den Steineichen von Mamre. In ihrem Schatten duftete es feucht. Dunkel und grün standen die Bäume. Die Hitze des Sommers flimmerte über die weiten Hügel, während Abraham im Schatten seines Zelts saß und in die Ferne blickte, und eigentlich dachte er an nichts Bestimmtes.

Und während er noch so saß und an nichts Bestimmtes dachte, standen auf einmal drei Männer vor ihm.

Ein seltsames Gefühl überfiel ihn. Vorsichtig erhob er sich.

Wer waren diese Männer? Er lief hinüber zu ihnen und sah sie an ...

Da hatte er das Gefühl, er müsse sich verneigen und das tat er auch. »Kommt zu mir und seid meine Gäste!«, sagte er. »Man soll euch Wasser bringen, damit ihr euch die Füße waschen könnt, denn ihr seid sicher weit gereist. Dann setzt euch in den Schatten der Bäume! Ich will euch einen Bissen Brot bringen und ihr erfrischt euer Herz. Danach könnt ihr weiterziehen!«

Und die drei Männer nickten ihm zu. »Tu, wie du gesagt hast.«

Da lief Abraham zurück zum Zelt, aufgeregt und zitternd. Das waren keine gewöhnlichen Männer!

»Schnell!«, rief er Sara zu, und beinahe hätte er sich wieder vor Aufregung verschluckt. »Nimm Mehl und backe Kuchen, wir haben Gäste!«

Und ohne eine Antwort abzuwarten, eilte er weiter zu seinen Knechten und rief: »Schnell, schlachtet ein Kalb und bratet es, wir haben Gäste!«

Die Drei hatten sich unter die Bäume gesetzt. Wer waren sie? Wo waren sie plötzlich hergekommen? Und warum hatte er das Gefühl, die drei Männer wären nicht von dieser Welt? Abraham blickte vorsichtig zu ihnen hinüber. Weil aber niemand da war, der ihm eine

Antwort auf seine Fragen geben konnte, lief er weiter und trug Butter und Milch auf, dazu kühles Wasser und frisches, duftendes Brot.

Die Fremden aßen und tranken schweigend. Abraham traute sich nicht sich zu ihnen zu setzen.

»Abraham«, sagten die Drei wie aus einem Mund.

»Ja?«

»Wo ist Sara, deine Frau?«

»Sie ist im Zelt.«

»In einem Jahr will ich wiederkommen«, sagten die Drei.

»Ich? Warum sagen sie ›ich‹?«, dachte Abraham. Aber dann verschluckte er sich doch noch, denn er hörte weiter:

»Und wenn ich wiederkomme, siehe, dann wird Sara einen Sohn haben!«

Da hörte Abraham ein leises Lachen aus dem Zelt. Er wandte sich um. Wer lachte da?

Sara stand im Zelteingang und lachte, denn sie hatte gehört, was die Drei ihr prophezeiten. Und wer konnte das schon glauben! Sie war zu alt, um Kinder zu bekommen, viel zu alt. Was bildeten sich diese Drei ein!

»Warum lacht Sara, deine Frau, und glaubt nicht?«, hörte Abraham da die Drei sagen, und er wagte nicht, ihnen in die Augen zu sehen. »Sollte Gott etwas unmöglich sein? Wenn das Jahr um ist, werde ich wiederkommen, und dann wird Sara einen Sohn haben!«

Und Sara wurde kreidebleich im Gesicht, als sie das hörte, und schüttelte eifrig den Kopf und beteuerte: »Ich habe nicht gelacht!«

»Doch«, sagten die Drei, »du hast gelacht!«

Und bevor Sara noch etwas zu ihrer Entschuldigung sagen konnte und bevor Abraham sich von seinem Schrecken erholt hatte, hoben sie grüßend die Hand und gingen weiter, den Hügel hinauf durch das sirrende Licht, in Richtung Sodom.

Sei ein Segen!

Abraham sprang auf und sah ihnen verwirrt nach. Sprach Gott aus diesen Drei? Sollte Gott sein Versprechen endlich einlösen?

Und Abraham folgte den Spuren der Drei auf den Hügel hinauf. Von hier oben konnte er hinunterblicken ins Tal, bis nach Sodom und Gomorra. Und während Abraham da stand und nachdachte, da hörte er Gott wieder, und Gott sagte:

»Ich gehe nach Sodom, in die schlimme Stadt. Das Geschrei ist groß geworden. Grau und grundböse sind die Menschen in Sodom. Ich will sehen, ob die Stadt noch zu retten ist.«

Da wusste Abraham plötzlich, was er zu tun hatte. »Ich will dich segnen«, hatte Gott gesagt. Und: »Sei ein Segen!« Er wollte ein Segen für die Menschen in Sodom sein!

Aufgeregt richtete er sich auf und sagte: »Gott! Hörst du mich?«

Er bekam keine Antwort, aber er redete einfach weiter, vorsichtshalber.

»Gott, willst du denn die Gerechten mit den Ungerechten in Sodom gemeinsam umbringen, die Guten mit den Bösen? Es könnten vielleicht fünfzig gerechte Menschen in der Stadt sein, Menschen, die Gutes tun, Armen helfen und nach dir fragen. Willst du die auch umbringen? Willst du der Stadt nicht vergeben, wenn du fünfzig gerechte Menschen darin findest? Denn, Gott, du bist gerecht, du bist der Richter über alle Welt und alles Universum, also hab Mitleid mit den Menschen!«

Da antwortete Gott ihm und sagte: »Wenn ich fünfzig Gerechte in der Stadt finde, so will ich um ihretwillen der ganzen Stadt vergeben.«

Abraham spürte sein Herz hüpfen – dann dachte er nach, denn er hatte das Gefühl, dass damit noch nicht das letzte Wort gesprochen war. Daher redete er weiter.

»Aber, Gott, verzeih, dass ich noch einmal nachgedacht habe und noch einmal zu dir rede, ich weiß, ich bin in deinen Augen nur ein kleines unbedeutendes Sandkorn, aber bedenke: Es könnte sein, dass nur fünfundvierzig gerechte Menschen in der Stadt sind! Was dann? Du wirst doch die Stadt nicht vernichten wollen, wenn immerhin fünfundvierzig gute Leute in ihr wohnen? Fünf hin, fünf her, das macht doch nichts aus, oder?«

Und Gott antwortete: »Wenn ich fünfundvierzig Gerechte in der Stadt finde, so will ich um ihretwillen der ganzen Stadt vergeben!«

»Aber ...« Abraham schluckte. Dann redete er weiter: »Was wäre, wenn nur vierzig gerechte Menschen in der Stadt sind?«

Gott antwortete: »Auch dann will ich der Stadt nichts tun!«

Das ging ja ganz gut! Gott ließ mit sich handeln! Sollte er noch einmal? – Ja, es war einen Versuch wert, es ging schließlich um Menschenleben. »Mein Gott, vergib mir, dass ich noch weiterrede, ich könnte ja nerven, aber es ist wichtig. Man könnte vielleicht nur dreißig gerechte Menschen in der Stadt finden. Was dann?«

Gott antwortete: »Wenn ich dreißig Gerechte finde, will ich der Stadt nichts tun!«

»Und bei zwanzig?« Jetzt oder nie. Sei ein Segen, hatte Gott gesagt, und das wollte Abraham jetzt sein.

»Gut. Wenn ich zwanzig Gerechte finde, ist die Stadt gerettet!«

Abraham zögerte. Dann dachte er an die Stadt und an die Menschen in der Stadt, die Männer, die Frauen, die Kinder. Und leise fing er noch einmal an zu reden: »Mein Gott, hör mich an und sei mir nicht böse. Es ist nur – man könnte vielleicht nur zehn Gerechte in der Stadt finden. Immerhin zehn! Willst du nicht auch um der zehn Gerechten willen die Stadt verschonen?«

Und Gott antwortete noch ein letztes Mal und sprach: »Ich will sie nicht vernichten, um der zehn Gerechten willen!«

Da schwieg Abraham, der Gesegnete, der ein Segen geworden war. Er ging zurück und wartete, was passieren würde.

Sodom

Die Nacht brach an und zwei Männer kamen nach Sodom. Dunkel und mächtig stand das Stadttor da, und niemand in der Stadt wusste, was bevorstand.

Lot, Abrahams Neffe, saß gerade am Tor und beobachtete, wie die letzten Händler ein und aus gingen.

Da sah er die zwei Fremden kommen, und es befiel ihn ein eigenartiger Schauer und er wunderte sich. Waren das Menschen?

Aber er ging auf die beiden zu und verbeugte sich und sagte: »Ihr seid Fremde in unserer Stadt. Kommt und schlaft bei mir.«

Aber die fremden Männer schüttelten den Kopf und sagten: »Nein, lass es gut sein, wir wollen im Freien übernachten, hier, unter dem Sternenhimmel.«

Lot schlug das Herz bis zum Hals, aber er hatte das Gefühl, er müsse die Fremden überzeugen, in sein Haus zu kommen.

»Die Stadt ist schlimm und böse«, sagte er eindringlich, »wenn ihr hier draußen schlaft, dann kommen am Ende die Leute der Stadt und überfallen euch und treten euch und rauben euch aus, bloß weil ihr Fremde seid! Kommt zu mir, ich lade euch zum Essen ein – und ich habe weiche Betten!«

Da sahen ihn die Fremden an und nickten ihm zu.

»Geh voraus, wir folgen dir!«, sagte der eine, und Lot ging voraus, ohne sich umzudrehen. Rechts und links am Straßenrand blieben die Leute stehen und starrten ihnen hinterher.

Daheim lud Lot seine Gäste zu Tisch und deckte auf, soviel er finden konnte. Brot, Käse, Oliven, Tomaten, Kuchen, alles, was er hatte, brachte er vor die unheimlichen Fremden, und sie aßen vor seinen Augen.

»Es sind Menschen«, dachte Lot ein wenig beruhigt. »Sie essen und trinken ganz normal.«

Gerade wollten sie vom Tisch aufstehen und sich schlafen legen, da klopfte es laut an die Tür. Stimmen vor dem Haus, mitten in stockschwarzer Nacht!

»Wer ist da?«, rief Lot und spähte durch das Fenster hinaus. Was war das? Dicht gedrängt standen da die Städter vor seiner Tür, die Gesichter grimmig verzerrt, in den Händen Knüppel und Stangen.

»Heda, Lot«, riefen sie und hämmerten weiter gegen die Tür. Dunkel und bedrohlich schallten die Schläge durchs Haus. »Wo sind die Fremden, die heute Abend durch unser Stadttor gegangen sind? Gib sie uns heraus! Was wollen sie unter einem Dach dieser Stadt?«

Lot zitterte, als er das hörte. Was sollte er tun?

»Heda, hast du das Sprechen verlernt? Müssen wir erst deine Tür einschlagen, bevor du uns antwortest? Entweder du gibst uns die Fremden heraus oder wir kommen herein zu dir und nehmen sie uns!«

Lot drehte sich um und sah die beiden fremden Männer am Tisch sitzen. Sie saßen da und warteten, als ob sie nichts gehört hätten.

Lot machte eine beschwichtigende Geste, wie um sich selbst zu beruhigen, holte tief Luft und öffnete die Haustür einen kleinen Spalt, schlüpfte hindurch und stand nun vor der wütenden Menge.

»Was – was wollt ihr von denen?«, fragt er zitternd. »Sie sind meine Gäste und so sind sie auch die Gäste der Stadt!«

»Was, was, was! Sie sind fremd und sehen anders aus, denn sie sind nicht wie wir!«, ruft ein langer Kahlkopf mit einem dunklen Leuchten in seinen Augen.

»Sie verdienen Prügel!«, schreit ein anderer direkt neben ihm, dass Lot die Ohren schmerzen, und als er sich umsieht, entdeckt er sogar einige Kinder mit Steinen in der Hand zwischen den wütenden Männern.

»Jetzt seid doch nicht ... so«, versucht er noch einmal die Menge zu beruhigen. »Sie sind unter mein Dach gekommen, um Frieden zu haben. Sie wollen nichts Böses. Geht wieder nach Hause!«

»Heda, was muss ich hören?«, ruft der Kahlkopf und schwingt seinen Prügel. »Willst du uns befehlen, was wir zu tun haben? Bist du nicht selbst ein Fremder in unserer Stadt?«

Lot schweigt entsetzt und sieht in ihre verzerrten Gesichter.

»Los, auf ihn«, hört er rufen und kann schon nicht mehr sehen, wer es war, denn von allen Seiten dringen dunkle Gestalten auf ihn ein.

»Hilfe«, denkt er, »Hilfe ...«

Da spürt er, wie er ins Haus gezogen wird. Hinter ihm fällt die Tür zu ...

Vor ihm stehen die zwei Fremden, stumm und groß. Wie ist er wieder ins Haus hineingekommen?

Draußen heult die Menge auf.

»Wo ist er hin?«, hört er rufen. »Wie dunkel ist es hier geworden!«, schreit ein anderer. Wie sie toben und kreischen, blind vor Wut! »Ich kann nichts mehr sehen!«, keuchen sie und tapsen im Dunkel der Nacht hin und her. »Wo sind wir?«

Drinnen stehen die beiden und sehen Lot aus ihren fremden Augen an. »Nein«, denkt Lot. »Sie sind nicht von dieser Welt!«

»Geh und verlasse die Stadt«, sagen sie wie aus einem Mund, und Lot muss schlucken. »Nimm deine Frau und deine Töchter und die Lieben deiner Töchter und verlasse die Stadt auf der Stelle.«

Lot starrt sie an und kann sich nicht bewegen.

»Mach schnell, denn wir sind hier, die Stadt zu verderben. Gottesgesandte sind wir, Todesboten für Sodom. Außer dir ist kein gerechter Mensch hier zu finden!«

Sieh dich nicht um!

Da packte Lot die Furcht und er erkannte, wen er im Haus gehabt hatte. Schnell sprang er auf und lief durch das Haus, um seine Frau und seine beiden Töchter und ihre Verlobten zu holen. Seine Töchter sprangen erschrocken aus ihren Betten. Seine Frau hob die Hände zum Himmel – die zwei Männer aber, die seine Töchter heiraten sollten, standen da und starrten Lot verständnislos an.

»Wir sollen unsere Stadt verlassen? Wieso?«, fragte der eine schlaftrunken.

»Das Ende der Stadt ist nahe!«, rief Lot und packte ihn am Arm. »Glaubt ihr nicht, was Gott sagt?«

»Wir sind hier geboren. Wohin sollen wir denn gehen?«, murmelte der andere und rührte sich nicht vom Fleck.

»Wir sind auch nicht mehr die Jüngsten«, schnaufte der eine und kratzte sich am Kopf. »Wir sind sogar schon fast verheiratet, da rennt man nicht einfach so mir nichts, dir nichts los ins Ungewisse!«

Lot musste an seinen Onkel Abraham denken, der schon weißes Haar gehabt hatte, als er alles hinter sich gelassen hatte um neu anzufangen – wie dumm waren diese beiden!

»Seht ihr denn nicht die zwei Fremden dort?«, flehte Lot. »Hört auf das, was sie sagen und kommt mit!«

Aber die beiden Männer, die seine Töchter heiraten sollten, blickten die zwei Fremden nur abschätzig an, die dort standen, dunkel und scheu, als wären sie nicht von dieser Welt.

»Es gibt kein Zögern mehr!«, hörte Lot die beiden Fremden leise, aber machtvoll sagen. »Der Morgen bricht schon an.«

Und während Lot noch unschlüssig da stand und nicht wusste, was er tun sollte, da fühlte er, wie ihn die Fremden ergriffen, eigenhändig, ihn und seine Frau und seine zwei Töchter.

Durch die Tür wurden sie gezerrt, und wie im Traum eilten sie durch die nachtdunklen Straßen der Stadt, vorbei am Brunnen, am Metzger und am Bäcker, hinaus durch das Stadttor aufs freie Feld, und dort erst wurden sie losgelassen.

»Eilt euch«, rief der eine laut und dunkel.

Ängstlich sah Lot zu ihm hinüber und griff nach der Hand seiner Frau.

»Seht euch nicht um und bleibt nicht stehen in dieser Gegend! Lasst hinter euch, was gewesen ist, und blickt nicht zurück!«

Da rannten sie los, Lot und seine Frau und seine beiden Töchter, sie rannten den Weg hinunter, über den Bach, an den drei Feigenbäumen vorbei, dann den steinigen Weg hinauf durch den kleinen Wald, vorbei an der alten Mühle, schneller, immer schneller!

»Blickt nicht zurück!«, hörte Lot die Stimmen der Fremden in sich klingen.

Vor ihnen ging die Sonne auf und warf ihre Strahlen in das Tal und über die Stadt, in der die Hähne krähten und nichts von ihrem nahen Ende wussten. »Schneller, immer schneller!«, dröhnte es Lot im Kopf. »Dreh dich nicht um!«

Da hörten sie, wie ein lauter Donner aufzog – beißend heiß wurde die Luft – es roch nach Pech und Schwefel.

Plötzlich sah Lot, wie seine Frau innehielt.

»Komm weiter!«, rief er.

Doch was war das? Langsam, ganz langsam, als könnte sie sich nicht lösen von ihrer Stadt, wandte seine Frau den Kopf.

»Nicht umdrehen!«, rief Lot.

Doch sie drehte sich um, sie sah hinter sich, dorthin, wo das dröhnende Donnern lauerte.

Und Lot sah, wie seine Frau erstarrte. Mitten in der Bewegung verharrte sie. Zur Salzsäule erstarrte sie, und Lot konnte nichts dagegen tun!

Die anderen erreichten die Berge bei Zoar. Lachend und weinend sahen sie sich an. Sie waren gerettet worden! Nur Lots Frau hatte sich nicht trennen wollen von der verfluchten Stadt und stand nun als ewiges Denkmal versteinert in den Bergen.

»Was sollen wir jetzt tun?«, fragten die beiden Töchter ihren Vater Lot.

Er schwieg kurz und dachte an seinen Onkel Abraham. Der war immer unterwegs. Dann sagte er: »Wir ziehen einfach weiter. Gott wird uns begleiten.«

Das Wiedersehen

Erschöpft von den vielen Dingen, die auf der Erde passieren, ging an diesem Abend die Sonne unter. Lot und Abraham saßen gemeinsam unter den großen Steineichen bei Mamre und schauten in den roten Himmel.

»Verstehst du Gott?«, fragte Lot leise und malte mit einem Stock Kreise in den Sand.

Abraham schwieg lange, bevor er sagte: »Nein.«

»Gott rettet und rettet nicht«, fuhr Lot fort.

Abraham sah auf. »Früher dachte ich, er ist irgendwo in der Unendlichkeit des Sternenhimmels, fern und unendlich groß. Doch er ist hier, auch wenn wir ihn nicht verstehen. Er lässt uns losziehen, fort aus den engen Häusern und den dunklen Städten, hinaus ins Freie. So viel habe ich verstanden.«

»Du hast Recht«, sagte Lot leise. »Gott ist da und führt uns hinaus ins Leben, auch wenn wir ihn nicht verstehen. Aber ich würde ihn gerne besser verstehen.«

»Dann zieh mit ihm durch die Welt«, sagte Abraham.

So waren Lot und Abraham und Sara überall und nirgends zu Hause. Und im nächsten Jahr bekamen Abraham und Sara ihr Kind, wie es die drei Männer gesagt hatten. Und sie nannten ihr Kind Isaak.

»Bei Gott ist nichts unmöglich«, dachte Abraham und war glücklich.

In dunklen Nächten

★ ★ ★

Eine Geschichte von Jakob

Die Nacht

Es dämmert schon und die Felsen werden grau. Vor mir windet sich die Straße nach Haran mühsam den Berg hinauf. Heute komme ich sicher nicht mehr an! Wo soll ich mich hinlegen und schlafen, wenn mich jetzt die Nacht überfällt?

Ich sehe mich um.

Ringsum nichts als Steine. In meinem Bauch zieht sich alles zusammen. Langsam kriecht die Angst herauf. Ich versuche sie hinunterzuschlucken, aber es gelingt nicht ganz.

Wäre ich doch nicht Hals über Kopf aufgebrochen! Aber als ich gehört habe, wie Esau geweint und geschrien hat, habe ich es nicht mehr ausgehalten. Ich musste ja fliehen!

Gleich ist es stockfinster! Es nützt überhaupt nichts, mitten auf dem Weg stehen zu bleiben und zu schlucken. Ich brauche einen Schlafplatz!

Ich klettere rechts vom Weg ab, über bröckelnde Felsen. Dahinter stehen einige dunkle Bäume, stumm und dicht zusammengekauert. Sie sehen aus, als flüsterten sie heimlich miteinander.

»Soll ich hier schlafen?«, frage ich. Niemand antwortet, aber es

tut gut, eine Stimme zu hören. Und weil sonst keiner da ist, spreche ich weiter zu mir.

»Keine Angst, kleiner Jakob«, sage ich und wünsche mir so sehr, es wäre meine Mutter, die das sagt. Aber meine Mutter ist weit fort. Ich setze mich unter die Bäume.

»Jetzt iss erst mal einen kräftigen Bissen Brot«, befehle ich mir und hole mein Brot aus dem Beutel. »Danach wird die Nacht nicht mehr so dunkel sein!«

Wenn ich mir doch selbst glauben könnte! Ich beiße von meinem Brot ab und kaue langsam. Oh ja, es schmeckt wunderbar! Es schmeckt nach Zuhause. Aber mein Zuhause ist weit fort.

Oben in den Bäumen schreit ein Vogel laut und klagend. Genauso möchte ich jetzt auch schreien, aber ich traue mich nicht. Ich habe kein Zuhause mehr! Und ich bin selbst schuld daran! Ich habe kein Zuhause mehr, denn mein Vater ist alt und wird bald sterben, mein Bruder will mich umbringen und meine Mutter kann mich nicht beschützen! Dieses Stück Brot, das vor

mir liegt, ist mein letztes Stückchen Zuhause. Wenn ich es aufgegessen habe, dann –

Was ist dann?

Dann habe ich nur noch meine Erinnerungen an Zuhause. Sonst nichts mehr.

Wieder schreit der Vogel über meinem Kopf und ich ducke mich in die aufsteigende Nacht hinein. Schreivogel nenne ich ihn.

»Warum schreist du?«, flüstere ich und spähe hinauf in die Äste über mir. »Verfolgt dich dein Bruder auch?«

Schreivogel antwortet nicht. Natürlich nicht. Er ist ja nur ein Vogel. Und wahrscheinlich hat er überhaupt keinen Bruder. Zumindest keinen Zwillingsbruder. Aber ich habe einen. Das heißt, bis gestern hatte ich einen. Jetzt weiß ich nicht, ob er noch mein Bruder sein will. Und das ist meine Schuld!

Ich muss schon wieder die Angst hinunterschlucken und lege meinen Kopf auf den runden Stein unter den Bäumen. Da fühle ich, wie warm der Stein noch ist, gewärmt von der Sonne des Tages. Ein bisschen tröstet er mich.

Ich bin ein Zwillingsbruder. Und ich bin der zweite Zwilling. Das bedeutet, dass ich als Zweiter auf die Welt gekommen bin. Mein Bruder Esau kam zuerst. Wenn wir genau gleichzeitig auf die Welt gekommen wären, hätte es keinen Streit gegeben. Aber natürlich können Zwillinge nicht genau gleichzeitig auf die Welt kommen, und bei uns war Esau eben der Erste und ich der Zweite.

Schon als wir beide noch kleine Kinder waren, wussten wir von der Sache mit dem Segen.

»Esau ist der Ältere, deswegen bekommt er von mir, wenn ich alt bin, den Segen«, sagte unser Vater immer. »Er bekommt alles, was mein ist, meine Ziegen, Schafe und Kühe, damit es ihm gut geht auf dieser Welt. Alle guten Wünsche, die ich habe, sollen mit ihm sein, mit meinem ältesten Sohn, meinem Esau.«

Jeder kann sich vorstellen, wie gemein das ist, solche Worte von seinem Vater zu hören, wenn man nicht Esau heißt, sondern Jakob! Mein einziger Trost war dann, dass meine Mutter mich manchmal zur Seite nahm und sagte: »Sei nicht traurig, mein Jakob. Ich bin sicher, es ist genug Segen für euch beide da. Aber euer Vater ist zu stur um das einzusehen! Er macht lieber alles so, wie es immer schon war.«

Und jetzt ist es doch so passiert, dass ich den Segen bekommen habe!

Ich.

Jakob.

Nicht Esau.

Es war eigentlich ganz einfach. Während ich hier im Dunkeln auf meinem warmen Stein liege, muss ich immer und immer wieder daran denken, was gestern geschehen ist. Gestern kam meine Mutter zu mir gelaufen und machte ein Gesicht, als würde sie bald platzen.

»Schnell Jakob«, sagte sie zu mir. »Wenn schon dein Vater und dein Bruder nicht auf uns hören wollen, können wir doch mit ein wenig List die Welt verändern! Esau ist genauso ein Haudrauf wie dein Vater! Wir zwei aber, wir haben eine andere Waffe!«

Sie tippte sich an die Stirn und sagte dann: »Wir können nachdenken! Schließlich gibt es keinen vernünftigen Grund, dass immer nur der ältere Bruder den Segen des Vaters bekommt und alles erbt!«

Ich nickte, obwohl ich nicht genau wusste, worauf meine Mutter hinauswollte.

»Gerade hat euer Vater Esau zu sich gerufen«, sagte sie weiter. »Er will ihm heute seinen Segen geben, denn er fühlt sich schwach und glaubt, dass er bald sterben wird. Esau ist jetzt aufgebrochen, um ein Reh zu jagen und es dem Vater zu braten. Wenn er wiederkommt, wird er den Segen bekommen. Ich sage dir, mein lieber Jakob, verkleide dich als Esau, hole eine Ziege von der Weide, brate sie und gehe schnell zum Vater, bevor Esau von der Jagd zurückkommt! Dann wirst du den Segen bekommen!«

Meine Gedanken rasten durch meinen Kopf. Bis Esau ein Reh fing, das konnte dauern. Unser Vater war alt und krank und, was am wichtigsten war, er konnte nichts mehr sehen. Seine Augen waren blind geworden. Ich musste also nur meine Stimme verstellen! Und mich ein wenig wie Esau verkleiden!

»Wunderbar!«, rief ich aus und rannte los, um eine Ziege von der Weide zu holen und zu schlachten. Meine Mutter nahm sie aus und briet sie, während ich mir struppige Ziegenborsten um meine Hände und ein Ziegenfell auf meine Brust band. Mein Zwillingsbruder Esau hat nämlich am ganzen Körper Haare und ist wild und laut. Mich findet er sicher zu weich und viel zu ängstlich, weil ich nicht so wild aussehe wie er und nicht mit ihm auf die Jagd gehe, sondern lieber in unserem Gemüsegarten Unkraut jäte! Na warte! Du wirst sehen, mein lieber Esau, dass ich schlauer bin als du!

So dachte ich, und als die Ziege überall knusprig gebraten war, holte ich tief Luft und ging zu meinem Vater.

»Esau, mein großer Sohn, bist du es?«, fragte mein blinder Vater, als ich an sein Bett trat. »Du bist aber schnell von der Jagd wieder da!«

»Ja«, sagte ich und versuchte, möglichst rau zu sprechen. »Ich hatte Glück bei meiner Jagd. Und jetzt habe ich dir dein Reh gebraten, damit du mir deinen Segen gibst.«

»Welcher von euch beiden bist du?«, fragte mein blinder Vater unsicher von seinem Bett aus, und ich dachte schon, er würde den Betrug durchschauen.

»Ich bin's, Esau«, sagte ich dumpf. Heiß lief es mir den Rücken hinunter.

»Komm einmal näher her«, sagte mein Vater, »damit ich fühlen kann, ob du es bist.«

Ich schluckte und trat ans Bett heran.

»Hm«, machte er und fuhr mir durch die Haare, strich dann über das borstige Ziegenfell an meiner Brust und nahm schließlich meine Hände.

»Deine Stimme klingt wie Jakobs Stimme, aber deine Brust ist Esaus Brust und deine Hände sind Esaus Hände.«

Ich nahm meinen ganzen Mut zusammen, denn es fällt nicht leicht, seinen eigenen alten blinden Vater zu betrügen, und sagte vorwurfsvoll und noch ein wenig rauer: »Aber mein Vater! Erkennst du denn deinen eigenen Sohn nicht mehr? Ich bin's, dein Esau, dein Erstgeborener!«

Da nickte mein blinder Vater, und wahrscheinlich tat es ihm Leid, dass er so misstrauisch gewesen war. Ich atmete auf.

»Komm her, mein großer Sohn Esau«, sagte er mit zitternder Stimme. »Ich werde bald sterben. Darum will ich dir meinen Segen geben, damit meine Lebenskraft auf dich übergeht und du viele Kinder bekommst und ein glückliches Leben führst! Komm zu mir, dass meine Seele dich segne!«

Ich holte tief Luft und trat näher, und dann gab unser Vater mir seinen Segen.

Mir.

Jakob.

Er beugte sich zu mir und hielt seine Hand über mich. Dann sagte er mit lauter Stimme: »Gott gebe dir Regen vom Himmel und fettes Gras von der Erde! Korn und Wein und Frieden gebe er dir! Gott sei mit dir!«

Wie wunderbar fühlt es sich an, gesegnet zu werden! An meinen Betrug dachte ich nicht mehr. Aber kaum hatte ich meinem Vater gedankt und vielleicht auch ein bisschen geweint, kaum war ich von seinem Bett aufgestanden, da hörte ich, wie mein Bruder Esau von der Jagd zurückkam.

»Was jetzt?«, dachte ich plötzlich heiß und drückte mich in eine dunkle Ecke. »Wird mein Vater ihn auch segnen?«

Esau pfiff stolz vor sich hin, denn er hatte ein schönes Reh erlegt. Dampfend briet er es über dem Feuer, an dem vor kurzem noch ich mit unserer Mutter gestanden war. Eilig trat er mit dem duftenden Fleisch zu unserem Vater, und ich konnte ganz deutlich hören, wie er sagte: »Vater, hier bin ich und habe dir ein Reh gejagt, damit deine Seele mich segne.«

Danach war es lange still. Dann hörte ich unseren blinden Vater leise fragen: »Wer bist denn du?«

»Ich bin's, Esau«, sagte Esau natürlich.

»Hast du mir nicht gerade schon mein Reh gebracht und habe ich dich denn nicht gerade schon gesegnet?«

Ich hielt den Atem an. Was würde unser Vater jetzt tun? Da zuckte ich zusammen, denn er rief laut und anklagend:

»Wer war der, der mir seinen Jagdfang brachte, bevor du kamst? Wer war der, den ich gesegnet habe? Gesegnet ist er und gesegnet bleibt er! Jakob hat dich betrogen! Und mich hat er auch betrogen.«

Ich presste die Augen zusammen und konnte es doch vor mir sehen: Esau, wie er zurückschreckte! Unser Vater, wie er sich im Bett aufbäumte.

Dann hörte ich Esau laut klagen: »Mein Vater! Segne mich auch!«

Doch unser Vater schwieg.

»Hast du mir denn keinen Segen aufgespart?«, fragte Esau.

»Nein«, hörte ich unseren Vater antworten. »Ich habe Jakob gesegnet.«

Da schrie mein Bruder noch einmal auf und rief: »Hast du denn nur einen Segen, mein Vater? Segne mich auch, mich, deinen Esau! Gib auch mir deine guten Wünsche auf den Weg!«

Warum segnete unser Vater nicht ein zweites Mal? Wollte er nicht oder konnte er nicht? Ich verstand ihn nicht, aber ich wusste, dass nun alles zerbrochen war, was bisher mein Zuhause gewesen war! »Wir können die Welt verändern«, hatte meine Mutter gesagt. Jetzt war sie zerbrochen!

Ich kauerte in meiner Ecke und wusste nicht, wohin. Ich hörte meinen Bruder vorbeieilen, ich hörte, wie er nach mir rief und wie er sagte, dass er mich umbringen werde, wenn er mich erwischte! Und da wusste ich, dass ich fliehen musste! Am besten zu meinem Onkel Laban, dem Bruder meiner Mutter in Haran.

Und deswegen bin ich jetzt hier. Deswegen ist jetzt um mich herum stockschwarze Nacht. Sogar Schreivogel schreit nicht mehr. Ich bin allein.

Mitten in der Nacht fahre ich hoch. Ich muss eingeschlafen sein, und ich hatte einen Traum! Was das für ein Traum war!

Ich habe mich selbst gesehen, wie ich hier liege auf dem runden warmen Stein unter den dunklen Bäumen. Doch plötzlich war da ein Licht und eine Leiter ragte hinauf in den Himmel. Auf der Leiter zogen Engel hinauf und hinab, genau zu meinem Stein hin. Und ich hörte eine Stimme und wusste, dass es Gottes Stimme war.

Und die Stimme sagte zu mir: »Ich bin's. Der Gott Abrahams und deines Vaters Isaak. Ich bin bei dir und segne dich. Ich will dich behüten, wohin du auch gehst, und will dich heimkehren lassen. Ja, ich verlasse dich nicht. Ich bin ein Gott, der mitgeht.«

Das habe ich geträumt! Oder war es mehr als ein Traum? Noch zittert alles in mir. Aber eine Leiter ist nicht mehr zu sehen und ein Tor zum Himmel auch nicht. Wie ungeheuer ist dieser Ort!

»Hier wohnt Gott«, muss ich denken. »Auch hier wohnt Gott, in der Fremde, in der dunklen Nacht, und ich wusste es nicht.«

Im Osten glimmt ein heller Schein. Die Morgenröte zieht auf! Rasch stehe ich auf, packe mein Bündel zusammen, knabbere die paar Brotkrumen, die ich noch finde, und klettere zurück auf die Straße. Unsicher schaue ich mich um. Ist Gott mein heimlicher Begleiter?

Ich weiß nicht, was ich von meinem Nachttraum halten soll, aber als die Sonne endlich am Himmel steht, sind die Schatten der Nacht beinahe vergessen.

In Haran

Mein Weg ist lang. Die Sonne steht schon wieder tief am Nachmittagshimmel, als ich an einen Brunnen komme. Endlich!

Ich schiebe den steinernen Deckel, der auf dem Brunnen liegt, ein wenig zur Seite, beuge mich herunter zum dunklen Wasser und trinke aus meiner Hand. Wie wunderbar das Wasser schmeckt! Ich kann überhaupt nicht aufhören zu trinken.

Als ich genug habe, schaue ich mich um. Rings um den Brunnen wachsen frische grüne Büsche. Bienen summen. Ob das schon Haran ist?

Ich schiebe den Steindeckel zurück und richte mich auf. Da sehe ich eine Staubwolke in der Ferne. Ich kneife die Augen zusammen und blinzle zu den sonnenhellen Hügeln hinüber. Ja, unter der Staubwolke kommt eine ganze Schafherde herbeigerannt. Und ein Hirte ist auch dabei, der mit seinem Stecken die Schafe vorantreibt.

»Schalom«, sage ich zu dem Hirten, als er nahe genug herangekommen ist. Schalom heißt »Frieden«, und so begrüßt man sich da, wo ich herkomme, um zu zeigen, dass man nichts Böses im Sinn hat.

»Schalom«, sagt der Hirte mit heller Stimme durch den Staub hindurch. Nanu? Ich blinzle noch einmal durch den Staub. Das ist ja gar kein Hirte, das ist ja eine Hirtin! Sogar eine sehr schöne Hirtin, zum Verlieben schön.

»Wer bist du?«, fragt mich die Hirtin.

Ich räuspere mich und plötzlich ist mir, als könne ich gar nicht richtig antworten. Ich bringe nur ein »Jakob« heraus. Es klingt recht kläglich und ich ärgere mich über mich selbst.

»Ich heiße Rachel«, sagt Rachel und lächelt.

Ich lächle zurück.

»Wenn du schon da bist, könntest du mir den Stein vom Brunnen wälzen, damit frisches Wasser herausfließt und ich den Tieren zu trinken geben kann«, sagt Rachel und lächelt noch einmal.

»Ja«, sage ich, »natürlich kann ich das.« Das klang wieder nicht besonders schlau! Ich wälze ihr den Stein vom Brunnen. Rachel stellt sich neben mich und schöpft mit einem Eimer Wasser aus dem Brunnen, hinein in ein Becken, um das sich ihre Schafe drängeln.

»Wohin willst du?«, fragt sie und sieht mich von der Seite an.

»Ich will zu meinem Onkel Laban, der hier in der Gegend von Haran wohnt«, sage ich.

»Oh!«, sagt Rachel da.

»Warum sagst du ›Oh‹?«, frage ich.

»Laban ist mein Vater!«, sagt sie und lacht über mein verdutztes Gesicht. »Komm mit, ich bringe dich zu ihm.«

Wie wunderbar! Ich bin in Haran! Und dort lebt nicht nur mein Onkel Laban, sondern auch die wunderbare Rachel und auch sonst leben dort noch eine Menge netter Menschen! Und alle umarmen mich und freuen sich,

dass ich da bin. Alle wollen wissen, wie es bei uns zu Hause steht. Natürlich sage ich nicht die ganze Wahrheit. Ich sage nichts von meinem Betrug.

Zwei Tage und zwei Nächte sitzen wir zusammen und erzählen uns voneinander. Am meisten freut es mich, wenn ich bei Rachel sitzen kann und sie mir von sich erzählt und ich ihr von mir.

Am Ende des zweiten Tages nimmt mich mein Onkel Laban beiseite. »Du kannst bei mir als Hirte arbeiten, während du bei uns wohnst«, sagt er und legt vertraulich den Arm um meine Schulter. »Und du sollst sogar etwas für deine Arbeit bekommen. Bloß weil wir verwandt sind, sollst du ja nicht leer ausgehen!«

Ich nicke und freue mich.

»Sag mir, was kann ich dir zum Lohn geben?«, fragt mein Onkel.

Was soll ich verlangen? Geld? Oder dass ich für immer hier wohnen darf? Da habe ich eine andere Idee.

»Du kannst mir doch deine Tochter Rachel zur Frau geben«, sage ich und schaue auf den Boden.

Laban ist plötzlich ganz still und nimmt seinen Arm von meiner Schulter. Aus den Augenwinkeln sehe ich, wie er den Kopf hin- und herwendet, als wolle er abwägen, ob dieser dahergelaufene Jakob denn gut genug für seine Tochter sei.

»Du weißt, ich habe auch noch eine andere Tochter, die ältere«, sagt Laban nach einer Weile, die mir endlos lang erscheint. »Lea. Willst du nicht lieber sie? Es ist nicht üblich bei uns, dass die jüngere Tochter zuerst heiratet.«

Lea? Aber ich habe mich doch in Rachel verliebt! Und ich glaube, Rachel hat sich auch in mich verliebt, denn wenn ich ihr zulächle, dann lächelt sie zurück! Immer diese alten Gesetze! Nur der ältere Bruder bekommt den Segen! Die ältere Tochter soll zuerst

heiraten! Und die Männer handeln alles unter sich aus! Eigenartig ist diese Welt!

So denke ich und sage: »Nein, ich will nicht Lea, ich will Rachel!«

Mein Onkel Laban zögert immer noch.

»Na gut«, sagt er schließlich seufzend. »Immerhin bist du ja einer aus unserer Familie.«

Mir hüpft das Herz bis an den Hals.

»Aber du musst dafür fleißig für mich arbeiten. Sieben Jahre lang. Abgemacht?« Laban schaut mich schlau von der Seite an.

»Abgemacht«, sage ich schnell und schlage ein.

Die Hochzeit

Für meinen Onkel Laban zu arbeiten, das heißt: Jeden Morgen bei Sonnenaufgang aufstehen. Die Schafe in die Steppe treiben. Wolle scheren. Ziegen melken. Brunnen graben. Holz sammeln. Und noch vieles mehr.

Doch weil ich in Rachel verliebt bin und sie in mich und weil wir bald heiraten werden, stehe ich jeden Morgen gerne auf. Wenn ich die Schafe in die Steppe treibe, denke ich an Rachel. Wenn ich Wolle schere, denke ich daran, wie schön weich Rachels Haare sind. Wenn ich die Ziegenmilch ins Zelt bringe, bringe ich sie zu Rachel und setze mich ein wenig zu ihr und wir lächeln uns zu. Wenn ich Brunnen grabe, denke ich an unsere erste Begegnung am Brunnen. So wird mir all meine Arbeit leicht. Sieben Jahre lang.

Endlich kommt der Tag der Hochzeit! Endlich! Bunt geschmückt sind die Hirtenzelte und überall duftet es nach Braten und frischem Brot, nach Zitronen und Orangen. Es gibt Musik und Tanz und alle lachen.

Heute denke ich an den Segensspruch meines alten blinden Vaters. Und ich denke: »Vielleicht liegt es ja an dem Segen, dass mir die Arbeit so leicht fällt, dass ich heute Rachel zur Frau bekomme und dass mir alles gelingt?« Und ich denke an meinen merkwürdigen Traum, damals auf der Flucht.

Als endlich der Abend kommt und alle Gäste essen und trinken, führt mein Onkel Laban die Braut herein – meine Rachel! Von Kopf bis Fuß ist sie verschleiert.

Mein Onkel Laban blickt verlegen zu Boden und übergibt mir schließlich feierlich seine Tochter. So wie es Sitte ist. Und alle klatschen und jubeln. Dann beginnen die Musikanten wieder zu spielen. Aber davon bekomme ich schon nichts mehr mit, denn ich muss immer auf meine verschleierte Braut schauen. Ich nehme sie vorsichtig bei der Hand und führe sie in mein Zelt.

Endlich, die Nacht der Hochzeit! Ich darf jetzt meiner Braut den Schleier abnehmen. Und ich darf sie küssen! Mir zittern die Hände. Im Zeltdunkel nehme ich ihr den Schleier ab und küsse sie und nehme sie in die Arme ...

Die ersten Sonnenstrahlen tanzen durch den Zelteingang herein. Ich blinzle ihnen entgegen. Neben mir liegt Rachel. Ich kann sie atmen hören. Leise wende ich mich zu ihr, um ihr einen Kuss auf die Nasenspitze zu geben.

Da fahre ich zurück. Was ist das? Diese Nase ist nicht Rachels Nase. Die da neben mir liegt, ist nicht Rachel! Es ist nicht Rachel, die ich in dieser Nacht geküsst habe! Betrug!

Es ist Lea, die ältere Tochter. Selig liegt sie zwischen ihren Kissen und dem Schleier, der sie gestern Abend verborgen hat. Selig liegt sie da und träumt noch ihre eigenen Träume und weiß nichts davon, dass ich den Betrug durchschaut habe!

Ich springe auf, werfe mir eine Decke über und laufe hinüber ins nächste Zelt zu meinem Onkel Laban.

»Was hast du mir angetan!«, rufe ich. »Warum hast du mich betrogen? Ich habe sieben Jahre für dich gearbeitet, damit ich Rachel zur Frau bekomme, nicht Lea!«

Ich bebe vor Zorn. Aber was macht Laban? Er zuckt nur mit den Schultern, blickt zu Boden und sagt verschmitzt: »Es ist eben bei uns nicht üblich, die jüngere Tochter vor der älteren zu verheiraten. Das habe ich dir doch gesagt, oder?«

Ich beiße mir auf die Lippen. Betrug ist Betrug! Sieben Jahre lang habe ich jetzt für die falsche Frau geschuftet.

»Ich habe ehrlich gearbeitet und den falschen Lohn bekommen!«, rufe ich und merke, wie meine Stimme zittert. Doch plötzlich muss ich an meinen Bruder Esau denken, der von mir um seinen Segen betrogen wurde. Geschieht es mir jetzt recht, dass diesmal ich betrogen wurde? Betrogen um meine Braut? Warum verfolgt mich die Vergangenheit noch immer? Am liebsten möchte ich wieder mein Bündel packen und wegrennen!

Da höre ich Laban sagen: »Lass den Kopf nicht hängen, mein Lieber, du kannst ja Rachel auch noch heiraten.«

Was sagt er da?

»Du bekommst Rachel auch zur Frau. Gleich morgen. Aber du musst mir versprechen, noch einmal sieben Jahre für mich zu arbeiten.«

Da, wo ich herkomme, haben die Männer manchmal zwei Frauen, das weiß ich. Langsam hebe ich den Kopf und sehe meinen Onkel an. Er weicht meinem Blick aus und streckt mir seine Hand hin.

Da schlage ich ein.

Am Fluss

Wieder graut die Nacht. Wieder bin ich allein. Ich stehe am Jabbok, dem großen Fluss, und blicke in die dunklen Wellen. Über mir schraubt sich ein Vogel in den schwindelnden Himmel und schreit laut und klagend.

»Ob es mein Schreivogel ist?«, denke ich. Mein Schreivogel, der einst, vor langer Zeit und zweimal sieben Jahren und noch ein wenig mehr in den dunklen Bäumen saß und über mir wachte?

Sicher ist er es nicht mehr. Denn all das ist lange her. Tag für Tag und Jahr für Jahr habe ich für meinen Onkel Laban gearbeitet. Und Lea und Rachel haben Kinder bekommen, zwölf sind es insgesamt.

Eigentlich hätte ich zufrieden sein können. Sehr zufrieden sogar. Denn alles ging mir leicht von der Hand. Meine Schafe wurden nie krank und meine Ziegen waren die schönsten der ganzen Herde. Und auf meine Kinder bin ich sehr stolz. Ob das an meinem Segen liegt?

Doch vor ein paar Tagen überfiel mich eine Unruhe. Ich schnupperte in der Luft, ob ein Gewitter drohte, aber alles war ruhig. Ich schaute nach den Schafen und Ziegen, doch alle lagerten friedlich beieinander. Ich ging zu meinen Kindern, doch sie spielten lustig zusammen. Da merkte ich, dass die Unruhe tief aus mir selbst kam. Und deswegen bin ich jetzt wieder unterwegs und stehe ganz allein an diesem dunklen Fluss, während es um mich herum Nacht wird.

Meine Unruhe kam tief aus mir selbst und klopfte eifrig an, als wollte sie sagen: »Hast du nicht noch etwas zu erledigen? Du weißt doch, dass dein Segen nur erschlichen ist! Du weißt doch, dass du deinen Bruder Esau nicht vergessen kannst! Du weißt doch, dass deine Vergangenheit immer mit dir mitgeht!«

Und auf einmal merkte ich, dass schon sehr lange etwas in mir geklopft und gegrummelt hatte, um sich bemerkbar zu machen. Ja, es stimmte! Ich hatte noch etwas zu erledigen. Mein Bruder wartete auf mich! Ich hatte etwas wieder gutzumachen! Den Segen und die vielen guten Wünsche, die ich mir erschlichen habe, konnte ich zwar nicht mehr zurückgeben. Aber die vielen Tiere, die ich mittlerweile hatte, die Ziegen und Schafe und Kamele, die konnte ich meinem Bruder Esau zum Geschenk machen!

Und als ich das erkannt hatte, wollte ich keinen Tag länger bei meinem Onkel Laban bleiben. Mit meiner ganzen Familie bin ich aufgebrochen, mit Rachel und Lea und meinen zwölf Kindern und mit all meinen Ziegen, Schafen und Kamelen. Schnell bin ich aufgebrochen, über Nacht. Ohne Abschied bin ich aufgebrochen. Ich habe es eilig. Fast könnte man denken, ich sei geflohen. Mein Onkel Laban dachte das auch und ist mir hinterhergeritten. Aber ich bin nicht mehr mit ihm zurückgekehrt. Für ihn habe ich genug gearbeitet, ich habe noch anderes zu tun.

Rachel, Lea und meine zwölf Kinder und meine Ziegen, Schafe und Kamele sind schon durch den Fluss gewatet. Wenn ich durch die aufziehende Dunkelheit hinüberspähe, kann ich ihr Nachtlager erkennen. Bald sind wir da, wo ich herkomme. Bald sind wir bei Esau. Nur noch über den Fluss, dann sind wir da.

Ich aber, ich traue mich nicht hinüber. Was, wenn Esau mich immer noch umbringen will? Was, wenn meine eigene Unruhe mich täuscht und in mein Verderben locken will? Was, wenn Gott doch nicht mit mir mitgeht, wie ich es einst im Traum sah?

Jetzt ist es ganz Nacht. Ich höre, wie die Wellen des Flusses gegen die Steine plätschern. Fische springen. Wieder schreit der Schreivogel über mir. Da nehme ich all meinen Mut zusammen und mache ein paar Schritte in das kalte Flusswasser hinein.

»Ja«, sage ich zu mir. »Ich will mich mit Esau versöhnen. Ich will kein Betrüger mehr sein. Ich muss nicht mehr davonlaufen.«

Da plötzlich springt mich aus dem Wasser jemand an! Ich sehe nur einen dunklen Schatten, schon ist er bei mir und stürzt sich auf mich! Er packt mich bei den Armen, er will an meinen Hals!

Wer ist das? Er will mir ans Leben!

Ich versuche, den dunklen Schatten zu packen, aber er windet sich. Ich zerre ihn an der Schulter, aber er packt nur die meine. Ich tauche ihn unter, aber er taucht mich auch! Ich schnappe nach Luft, er schnappt nach Luft, dann ringen wir schweigend miteinander, lange Zeit. Doch keiner kann den anderen überwinden, ich ihn nicht und er mich nicht. Aber ich gebe nicht auf. Ich kämpfe mit dem Schatten, lange, sehr lange.

Da sehe ich, wie die Morgenröte aufzieht. Plötzlich spricht der Fremde.

»Lass mich gehen«, sagt er, »der Tag bricht an.«

Aber ich halte ihn fest. Ich lasse ihn nicht gehen. Es kommt mir so vor, als müsste ich ihn kennen! Es ist, als sei dieser dunkle Schatten mein alter Begleiter. Mein Verfolger. Mein Gott vielleicht. Es ist kein Fremder. Ich kenne ihn, vielleicht aus meinen tiefen Träumen? Nein, ich lasse ihn nicht wieder gehen, wenn ich ihn schon einmal mit meinen Händen umfasst halte! Wer immer der Fremde ist, der Schatten, der mich verfolgt, er soll sich mit mir versöhnen! Ich will mich ja auch mit ihm versöhnen!

»Ich lasse dich nicht«, sage ich, »erst musst du mich segnen!«

Plötzlich ist es ganz still über dem Wasser. Dann sagt der andere: »Wie heißt du?«

»Ich heiße Jakob«, sage ich.

»Du sollst nicht mehr Jakob heißen, sondern Israel, das heißt Gottesstreiter. Denn du hast mit Gott und den Menschen gekämpft und du hast gewonnen.«

Zitternd frage ich: »Wer bist du denn?«

Doch der andere sagt nur: »Was fragst du, wie ich heiße?«

Und dann segnet er mich!

Die Morgensonne geht auf und ich sinke ans Ufer. Ich habe gewonnen! Wer immer der Fremde war, ich habe gewonnen! Ich habe mich meinem Verfolger gestellt! Ich bin nicht fortgelaufen!

Kaum dass ich das andere Ufer erreiche, da sehe ich Esau kommen, meinen Zwillingsbruder! Ich erkenne ihn sofort.

Gestern habe ich noch Angst gehabt, aber heute fühle ich mich stark. Die ganze Nacht habe ich ge-

kämpft, aber ich fühle mich erfrischt. Auch wenn Esau mich noch hasst, ich will mit ihm reden.

Aber was ist das? Esau läuft mir ja entgegen! Und als er näher kommt, sehe ich, er lacht ja und schaut glücklich! Und er rennt zu mir und breitet die Arme aus und umarmt mich. Da umarme ich ihn auch und wir beide weinen ein bisschen, vor Freude.

»Bist du es noch?«, fragt Esau, und ich weiß nicht, was ich sagen soll. Bin ich es noch? Oder bin ich jetzt Israel, der Gottesstreiter?

»Sind das deine Kinder und deine Frauen?«, fragt Esau weiter, denn alle kommen herbei und winken und rufen.

»Ja«, nicke ich und ein Stein fällt mir vom Herzen, weil es so einfach ist, sich mit Esau zu versöhnen.

»Und sind das alles deine Tiere?«, fragt Esau weiter.

»Nein«, sage ich da, »das sind jetzt alles deine Tiere. Denn ich bringe dir zurück, was ich dir gestohlen habe. Ich bringe dir meinen Segen zurück, damit auch du gesegnet bist und mir verzeihst.«

Aber Esau lacht nur und sagt: »Ich habe viel, mein Bruder. Behalte deins.«

Doch das lasse ich nicht gelten. »Nein«, sage ich, »mein lieber Bruder, nimm das alles. Ich habe dich wiedergesehen und kann dir nun wieder in die Augen sehen, weil du mir in die Augen gesehen hast. Mit Gottesaugen hast du mich angesehen, vergeben hast du mir. Nimm's, es ist für dich.«

Da schaut mich Esau lange an und schließlich nickt er leise.

»Danke«, sagt er.

Und in mir drin ist ein großes Durcheinander. Ich freue mich, dass nun endlich der Segen noch einmal verschenkt worden ist, der so lange Zeit gestohlen war.

Der Traumdeuter

★ ★ ★

Eine Geschichte von Josef

Träume

Die Sonne geht auf und wirft ihre Strahlen weit über die Hügel bis zu meiner Nasenspitze. Ich blinzle dem Morgen entgegen, wühle mich aus meiner Decke, strecke mich und schaue in den fernen Dunst. Wie golden der Himmel ist. Neben mir blökt eine Ziege.

»Mäh – mäh.«

»Guten Morgen, du dumme Ziege«, sage ich und die Ziege schaut mich vorwurfsvoll an.

Da wo wir wohnen, ist Wüste. Keine Sandwüste, sondern eine steinige Bergwüste. Ein kahler Hügel reiht sich an den anderen, eine schroffe Anhöhe an die nächste. So weit du schauen kannst, nur Steine und Geröll. Dazwischen wachsen einige wenige Grashalme, manchmal auch Gestrüpp. Wenn die Sonne aufgeht, so wie jetzt, dann leuchten die Hügel bis zum Horizont in hellem Weiß.

Was habe ich heute Nacht geträumt? Warte – nein, ich weiß es nicht mehr, aber es war etwas sehr Komisches. Irgendetwas von der Sonne.

Ich soll nicht so viel träumen, sagen meine Brüder, das bringe mich nur durcheinander. Manchmal nennen sie mich nur den Träumer. Dann sagen sie: »Träumer, bring uns mal Brot und Käse, wir haben Hunger, denn wir haben gearbeitet, während du wieder einmal nur geträumt hast!«

»Ich heiße nicht Träumer, ich heiße Josef«, sage ich dann, doch sie lachen nur, und wenn ich wütend werde, lachen sie nur noch mehr. Deswegen bringe ich ihnen dann ihr Brot und ihren Käse und lasse sie reden, nur damit ich meine Ruhe habe. Ich bin ja auch fast der Kleinste in unserer Familie.

Der Älteste ist

Ruben, dann kommt Simeon, danach kommen Levi, Juda, Dan, Naftali, Gad, Ascher, Issachar, Sebulon und dann komme ich, als Elfter. Und dann habe ich noch einen kleinen Bruder, der heißt Benjamin und er ist der Zwölfte.

Kaum ist die Sonne über den Hügel gewandert, wird es heiß. Drüben steht mein Vater Jakob und winkt mir zu, während er seine Zelttür hochbindet. Ich winke zurück. Benjamin, der neben mir geschlafen hat und gerade seine Decke zusammenwickelt, winkt auch.

»Holt ihr Wasser?«, ruft uns unser Vater zu. Ich nicke und mache mich mit Benjamin auf den Weg zur Quelle. Die Wasserschläuche haben wir uns über die Schultern geworfen. Ein warmer Wind weht uns entgegen.

Jetzt weiß ich wieder, was ich geträumt habe! Ich habe von der Sonne geträumt und vom Mond und von elf Sternen. Und die elf Sterne haben sich vor mir verneigt. Merkwürdiger Traum! Ich muss lachen.

»Was lachst du?«, fragt Benjamin und schaut mich von der Seite an.

»Ach, nichts, ich hatte nur diese Nacht einen merkwürdigen Traum.«

»Nicht schon wieder«, sagt Benjamin und lacht jetzt auch. »Was hast du denn geträumt?«

»Ich habe von der Sonne und dem Mond geträumt und dass sich elf Sterne vor mir verneigen.«

»Vor dir?«

»Ja«, sage ich, »wäre doch schön, wenn die Sterne sich vor mir verneigen würden, oder?«

»Ach, du Träumer«, sagt Benjamin da. Typisch, was soll er sonst sagen, und nun sind wir an der Quelle angekommen. Hier, zwischen den Felsen, wo das Wasser hervorsprudelt, duftet es nach Leben. Einige grüne Bäume stehen da und aus den Felsritzen wächst dunkles Moos. Mit den gefüllten Wasserschläuchen gehen wir zurück zu unserem Lager.

Inzwischen sind alle unsere Brüder aufgewacht und gemeinsam setzen wir uns in den Schatten des großen Zeltes und frühstücken. Unser Vater teilt Brot aus. Datteln gibt es und Oliven.

»Wisst ihr, was Josef schon wieder geträumt hat?«, fragt Benjamin in die Runde.

»Nein, was?«, fragt Juda spöttisch, und ich merke, wie ich rot werde.

»Ach, nichts«, murmle ich.

»Jetzt sag schon«, sagt Sebulon.

»Ich habe von der Sonne und vom Mond geträumt und von elf Sternen, die um mich herumstehen und sich vor mir verneigen. Komisch, nicht?«, sage ich schließlich und schaue auf den Boden. Gleich werden sie wieder loslachen.

»He, dieser Traum ist ja genauso wie dein letzter«, ruft da Juda. »Hast du nicht letzte Nacht geträumt, dass wir alle gemeinsam auf dem Feld das Korn zu Garbenbündel zusammengebunden haben, und unsere Getreidebündel hätten sich vor deiner Garbe verneigt?«

»Ja«, sage ich trotzig. »Na und?«

»Du willst wohl unseren König spielen«, sagt da Sebulon und jetzt lachen wieder alle, wie ich es mir schon gedacht habe. »Wir sind elf, und wir elf sollen uns vor dir verneigen wie die Sterne und die Korngarben, stimmt's?«

Ich sage nichts darauf, denn was soll ich schon sagen. Träume auszulegen ist Gottes Sache.

»Jetzt lasst meinen Josef in Ruhe«, sagt da mein Vater Jakob, und meine Brüder kauen stumm, aber wütend vor sich hin.

»Und du träum nicht mehr so Zeug!«, sagt mein Vater zu mir gewandt. Ich nicke, aber ich spüre, wie heiße Tränen in mir aufsteigen. Was kann ich denn dafür!

Ich weiß, sie mögen mich nicht, meine Brüder, weil ich Träume habe und weil ich nicht bin wie sie. Nur mein Vater mag mich. Manchmal kommt er zu mir und sagt mir: »Josef, mein lieber Sohn, du bist mein Bester! Hör nicht auf das, was die anderen sagen! Ich habe dich darum umso lieber.«

Das macht die Sache aber nicht besser, denn er lässt es meine Brüder spüren, dass er mich besonders gerne hat. Vor einem Monat hat er mir ein buntes Kleid machen lassen, aus kostbarem Stoff, ganz weich. »Für meinen Träumer«, hat er liebevoll gesagt und die anderen haben zugesehen und nichts bekommen. Jetzt sind sie nur noch neidischer auf mich.

Ach, ich wünschte, es wäre einmal in Wirklichkeit so, und sie würden sich vor mir verneigen wie die Sterne oder die Korngarben in meinen Träumen! Dann, dann ... dann würde ich es ihnen zeigen! Aber das darf niemand wissen.

Der Verrat

Am nächsten Tag weiden meine Brüder die Schafe irgendwo bei Sichem, jenseits des Berges, und ich habe meine Ruhe. Ich sitze hinter dem Stein über dem Tal und schaue in die Weite. Denn wo wir wohnen, sind tiefe Schluchten mitten durch die weißen Hügel gegraben, steil fallen sie Hunderte von Metern hinab, über tausend zackige Stufen und Risse. Hier kann man wunderbar sitzen und träumen. Von Riesen, die das Tal vielleicht einmal gegraben haben, oder von fliegenden Teppichen oder von schönen Mädchen, die auf weißen Kamelen durch das Tal kommen und »Josef« rufen. »Josef, wo bist du?!«

»Josef, wo bist du?«, höre ich die Stimme meines Vaters. »Josef!«

»Hier bin ich«, sage ich und stehe auf. Es ist schon Mittag geworden! Und ich habe nur hier gesessen und geträumt.

»Josef«, sagt mein Vater, als ich hinter meinem Stein hervorkomme, »was machst du?«

»Eigentlich nichts«, sage ich. Dass ich hinter dem Stein gesessen habe und in die Ferne gestarrt habe, kann ich ja nicht gut erzählen, oder?

»Gut, dann habe ich eine Aufgabe für dich. Geh zu deinen Brüdern über die Hügel nach Sichem. Sie sammeln heute dort die Schafe und bleiben noch ein paar Tage, und ich will wissen, wie es ihnen geht!«

»Gut«, sage ich.

»Und bring ihnen frisches Brot mit«, sagt mein Vater.

»Gut«, sage ich.

»Warte nur noch ein bisschen, bis die Sonne nicht mehr so hoch am Himmel steht, und dann brich auf.«

»Gut«, sage ich noch einmal und packe frisches Brot zusammen.

Wo wir wohnen, ist die Luft so trocken, dass sie dich ausdörrt wie eine Rosine, wenn du nicht aufpasst. Du musst im Schatten gehen, solange es geht, und du musst wissen, wo die Wasserlöcher sind, damit du nicht verdurstest. Nur wer hier in den Hügeln groß geworden ist, verläuft sich nicht. Denn die Hügel sind leer und kahl, einer wie der andere. Und nur wer ganz genau hinsieht, entdeckt die kleinen Unterschiede. Denn natürlich sind die Hügel nicht ganz und gar gleich, sondern jeder Hügel sieht ein wenig anders aus. Dort ragt eine Nase in die Luft, der dort drüben sieht aus wie ein schlafendes Kamel, der dahinter hat zwei tiefe Augenhöhlen kurz vor dem Gipfel und der links daneben sieht rund und eben aus wie der Mond. Über den muss man hinübergehen, um nach Sichem zu kommen.

Als ich den Abhang hinunterkomme, finde ich meine Brüder nicht gleich. Aber zum Glück sitzt ein alter Mann bei der Wasserstelle.

Ob er meine Brüder gesehen hat, frage ich ihn.

»Kann sein«, sagt er mit zahnlosem Mund, und er erzählt mir, dass er eine große Herde Schafe gesehen habe. Auch ein Haufen Jungs sei dabei gewesen und die seien alle gemeinsam in Richtung Dotan aufgebrochen.

»Wenn du dich beeilst, kannst du sie leicht einholen«, meint der zahnlose Alte und deutet mit seinem Stock den Hügel hinauf. Aber wenn ich dazu keine Lust hätte und lieber ein klein wenig Pause machen wollte, dann könne ich mich doch auch zu ihm setzen und ihm ein wenig Gesellschaft leisten. Er könne sich nämlich kaum noch bewegen, so alt sei er. Und er fragt, ob ich schon die Geschichte vom Turmbau zu Babel kenne oder die Geschichte, wie Lots Frau zur Salzsäule erstarrt ist, oder die, wie Kain den Abel erschlug und wie es weiterging, und überhaupt, ich solle mich doch ein wenig zu ihm setzen ...

Ich habe schon Lust, mich ein wenig zu setzen und dem alten Mann zuzuhören, wie er die alten Geschichten erzählt, obwohl ich sie alle in- und auswendig kenne. Aber ich habe Angst, dass es dunkel wird, bevor ich meine Brüder finde. Also danke ich ihm nur für die Auskunft und mache mich in Richtung Dotan auf. Noch einmal über einen Hügel, puh!

Als ich über den Hügel komme, sehe ich schon von weitem meine Brüder. Ich rufe laut und winke ihnen zu.

Sie winken zurück, und dann sieht es so aus, als würden sie heftig miteinander streiten und als würde Ruben schließlich aufstehen und die anderen ermahnen. Was sie wohl haben? Gibt es Probleme mit den Schafen? Haben sie am Ende Löwen oder Hyänen gesehen?

Ich beeile mich zu ihnen zu kommen. »Ich habe frisches Brot dabei«, rufe ich ihnen schon von weitem zu, aber sie antworten nicht. Komisch.

»Ah, der Träumer kommt«, ruft Juda nur bissig. »Der Träumer bringt uns Brot und wir sollen uns dafür vor ihm auf den Boden werfen.«

Alle grinsen.

Ich schaue von einem zum anderen. Was haben sie? Keiner will mir in die Augen sehen.

»Was ist?«, frage ich vorsichtig in die Runde.

»Das ist!«, höre ich plötzlich Gad hinter meinem Rücken rufen, und plötzlich sind sie alle bei mir und schubsen mich und lachen mich aus. Ich falle auf den Boden.

»He, was macht ihr«, versuche ich zu schreien, doch irgendjemand hält mir die Hand vor den Mund, und ich spüre, wie viele Hände an mir herumzerren und mir schließlich mein neues buntes Hirtenkleid über den Kopf ziehen, he, sodass ich nackt vor ihnen stehe – he!

»Aufhören!«, will ich rufen, aber ich kann nichts sagen, und ich bekomme Angst. Das ist kein Spiel mehr. Wenn ich doch bei dem

Alten geblieben wäre! Wenn ich doch zu Hause geblieben wäre! Hilfe! Was machen die mit mir?! Meine Brüder! MEINE BRÜDER!

Sie haben mich hochgerissen und tragen mich weg.

»Warte nur, du Träumer«, höre ich Sebulon rufen, »jetzt kannst du bald träumen, solange du willst!«

»Denk dran«, höre ich Ruben, er ist immerhin der Älteste und alle hören auf ihn. »Wir schmeißen ihn nur da hinunter, wir tun ihm nichts!«

»Ja, ja«, antwortet Sebulon.

»Was habt ihr vor?«, schreie ich, denn jetzt habe ich Angst um mein Leben.

Ich falle. Hilfe! Nackt wie ich bin, lande ich im feuchten Sand. Irgendwo tief unten. Wo bin ich?

Ich versuche mich aufzurichten. Überall ist es glitschig und feucht. Plötzlich weiß ich, wo ich bin! Sie haben mich in eines dieser großen Wasserlöcher geworfen! Hier habe ich schon oft den Wassereimer hinuntergelassen, um Wasser für die Schafe zu schöpfen! Zum Glück ist das Wasserloch heute fast leer, bis auf diese kleine feuchte Pfütze, in der ich liege. Ich schaue nach oben und blicke genau in die Gesichter meiner Brüder. Alle stehen da oben, weit über mir, am Rand des Wasserlochs. Wie sie herunterstarren! Ich balle die Fäuste! Elf gegen einen! Wie gemein. Aber bevor ich etwas sagen kann, verschwinden die Gesichter und ich bin allein.

»Hallo!«, rufe ich. »Jetzt könnt ihr mich wieder rauslassen!«

Niemand antwortet.

Wenn ich versuche hinauszuklettern? Doch die Wand ist glitschig und glatt und bis oben hin sind es mindestens fünf Meter! Meine Hand rutscht ab. Hier kann keiner hinausklettern. Ich bin gefangen! Und mir ist kalt.

»Hilfe!«, rufe ich. Doch wer soll mich schon hören, mitten in der Wüste. Hier kommt sicherlich so bald keiner vorbei. Und selbst wenn einer vorbeikommen und hören sollte, wie jemand aus einem tiefen Loch herausschreit, wird er wahrscheinlich gar nicht näher kommen wollen. Eher wird er es mit der Angst zu tun bekommen und denken, es sitzt ein böser Geist oder ein Teufelsfrosch oder sonst etwas im Wasser und ruft. Aber meine Brüder werden mich doch wieder rausholen, wenn ihnen das Spiel zu dumm wird, oder? Also, Ruhe bewahren. Keine Panik.

Ich setze mich neben die Pfütze in den feuchten Sand und warte, was passiert.

Lange Zeit passiert nichts.

Wenn ich doch das Brot noch hätte, das ich meinen Brüdern mitgebracht habe!

»Pst«, höre ich plötzlich eine Stimme.

»Ja?« Ich schaue nach oben.

»Ich bin es, Ruben«, höre ich jemanden flüstern.

»Ruben«, flüstere ich zurück.

»Warte noch ein wenig. Wenn die anderen weitergezogen sind, dann hole ich dich wieder raus.«

»Hast du etwas zu essen für mich?«, frage ich, aber es kommt keine Antwort mehr. Ruben ist wieder weg. Aber er will wiederkommen! Das klingt schon ein bisschen besser. Wenigstens Ruben will mich nicht hier drin verhungern lassen. Hoffentlich wartet er nicht zu lang, mir ist kalt und ungemütlich.

Bevor ich noch länger darüber nachdenken kann, wann Ruben wohl endlich kommt und mich rettet, höre ich wieder Stimmen – diesmal sind es mehrere und sie reden laut durcheinander. Es sind die Stimmen meiner Brüder, oder? Vielleicht haben sie es sich alle anders überlegt, vielleicht hat Ruben mit ihnen geredet und der dumme Spaß hat jetzt ein Ende! Ich lausche angestrengt und recke den Kopf nach oben. Noch ist niemand zu sehen, nur der blaue Himmel liegt über mir.

»Er ist jung und kann arbeiten«, höre ich da Juda sagen.

Wer ist jung und kann arbeiten? Meint er mich? Und mit wem redet Juda da?

Irgendeine fremde Stimme fragt: »Und was soll er kosten?«

Wer soll was kosten? Ich? Und wer steht da draußen mitten in der Wüste? Ist vielleicht eine Karawane angekommen?

»Nun, sagen wir dreißig Silberstücke!«, höre ich wieder Judas Stimme.

»Dreißig Silberstücke? Ich habe eine große Familie«, höre ich den Fremden, »ich habe zwanzig Kinder, ich bin ein armer Mann, wie soll ich dreißig Silberstücke zahlen können? Ich gebe dir fünfzehn.«

»Was, was, was! Fünfzehn Silberstücke für einen jungen Arbeiter? Ich kann's nicht glauben.« Das ist wieder Juda. Das hört sich ja an wie auf dem Viehmarkt! Um was handeln sie da? »Sagen wir fünfundzwanzig Silberstücke, abgemacht?«

»Du willst mich arm machen und meine Kinder noch dazu«, antwortet der Fremde. »Ich muss dem da unten ja auch was zu essen geben, und wenn er wirklich ein so guter Arbeiter ist, wie du sagst, hat er sicher einen gehörigen Hunger. Ich gebe dir achtzehn Silberstücke, ist das ein Wort?«

Er muss dem da unten was zu essen geben? Dem da unten? Sie handeln um mich! Meine Brüder wollen mich verkaufen! O Gott! Das kann doch nicht wahr sein!

»Zwanzig Silberstücke und der Handel gilt«, höre ich jetzt Juda

sagen und kurz darauf klingt es so, als gäben sich die beiden kräftig die Hand.

»He, du da unten, zieh dich hoch!« Das ist der Fremde, der da ruft.

Über meinem Kopf baumelt ein Seil und ich packe es und klettere mühsam an der Wand des Wasserlochs hinauf.

»Na also«, sagt ein fremder Mann mit lang herabhängendem Schnurrbart. Ich sehe mich um. Von meinen Brüdern keine Spur.

»Wie heißt du?«, fragt der fremde Mann. Hinter ihm stehen mindestens zehn Kamele. Einige fremde Männer unterhalten sich. Tatsächlich, eine Karawane! Handelsleute!

»He, ich habe dich etwas gefragt, also antworte gefälligst!« Der Mann gibt mir einen Stoß gegen die Brust.

»Ich heiße Josef«, sage ich mürrisch.

»Gut. Hör zu Josef! Ich will nicht alles zweimal sagen müssen, verstehst du mich? Du gehörst jetzt zu uns. Ich habe dich für teures Geld gekauft.«

Ich schlucke und nicke dann langsam. Was wird nun werden?

»Unsere Karawane ist auf dem Weg nach ... Na, du wirst es früh genug erfahren. Du läufst hinter meinem Kamel her, verstanden?«

Ich nicke.

»Und versuche nicht wegzulaufen. Wir sind schneller. Ha!«

Ich nicke wieder und kneife die Augen zusammen, damit er meine Tränen nicht sieht. Ich muss an meinen Vater denken. Und was ist mit Ruben? Vielleicht kommt er noch und rettet mich? Er wollte doch kommen! Vorsichtig schaue ich mich um, aber ich sehe niemanden.

Der Fremde wirft mir einen Kittel zu. »Zieh das an«, sagt er und ich schlüpfe in den Kittel.

»Los jetzt«, rufen andere, und rings um mich her klettern die Männer auf ihre Kamele.

Der Fremde wendet sich zu mir: »Übrigens, ich heiße Ismael Ben Ismael. Und jetzt komm!«

Kein Ruben. Keine Brüder. Niemand ist da, nur die kahlen Hügel starren mich an, und die haben noch niemandem geholfen. Die Karawane zieht los, und ich mit ihr.

Ich kann mir genau vorstellen, was meine Brüder jetzt machen. Sie schlachten eine Ziege und nehmen mein buntes Kleid und tauchen es ins Blut. Dann kommen sie laut klagend zurück ins Lager, und mein Vater – ach, mein Vater – er wird ihnen entgegenlaufen und rufen: »Was ist passiert, um des Himmels willen?« Und meine Brüder werden sagen: »Unglück über Unglück! Unser Josef ist von einem wilden Tier überfallen worden, während er uns suchte! Wir haben nur seine Kleider gefunden!« Und mein Vater wird fassungslos dastehen und es nicht glauben wollen. Und meine Brüder werden sagen: »Schau doch, das sind doch seine Kleider, oder? Das ist doch das bunte Hirtenkleid, das du ihm selbst geschenkt hast!« Und mein Vater wird langsam nicken und dann wird er die Arme in die Höhe reißen und noch lauter weinen, als alle Brüder zusammen es vortäuschen können. Ja, er wird weinen um mich! Und niemand wird ihn trösten können!

Als ich mir das so vorstelle, muss auch ich ein bisschen weinen, weil die Geschichte zu traurig ist. Wenn mein Vater doch wüsste, dass ich lebe! Aber natürlich tut es auch ein bisschen gut zu wissen, dass wenigstens einer um mich weinen wird!

Ich stolpere, weil ich in Gedanken bin, und Ismael Ben Ismael dreht sich mürrisch um und ruft: »Was ist, weiter, weiter, du Träumer, ich habe viel Geld für dich bezahlt!«

Weiter, weiter. Wohin auch immer. Es hat sich ausgeträumt.

Der Handel

Die Reise geht nach Ägypten. Hier ist alles anders. Es riecht nach dem großen Fluss. Die Menschen tragen andere Kleider. Und in der Ferne habe ich die spitzen Pyramiden gesehen, höher in den Himmel gebaut als alles, was ich kenne.

Heute sind wir in der Hauptstadt angekommen. Endlich! Ich dachte schon, ich kann nicht mehr weiter. Meine Füße sind wund gelaufen und mein Gesicht ist ganz und gar verbrannt. Tag für Tag musste ich hinter dem Kamel hertrotten, Tag für Tag stach mir die

Sonne auf den Kopf. Wie lange wir unterwegs waren, kann ich gar nicht sagen, und welcher Tag heute ist, weiß ich auch nicht.

Ich glaube, niemand ist einsamer als ich. Denn mit mir spricht niemand.

Nur ich spreche mit mir. Aber ich kann mir immer nur dasselbe sagen. Du bist von deinen eigenen Brüdern verraten und verkauft worden, sage ich zu mir, und dann frage ich mich, was jetzt aus mir werden soll. Muss ich als Sklave schuften, bis ich sterbe? Vielleicht sterbe ich bald! Ich kann mir darauf keine Antwort geben.

Wir sind auf dem Markt. So viele Menschen auf einem Haufen habe ich noch nie in meinem Leben gesehen. Die

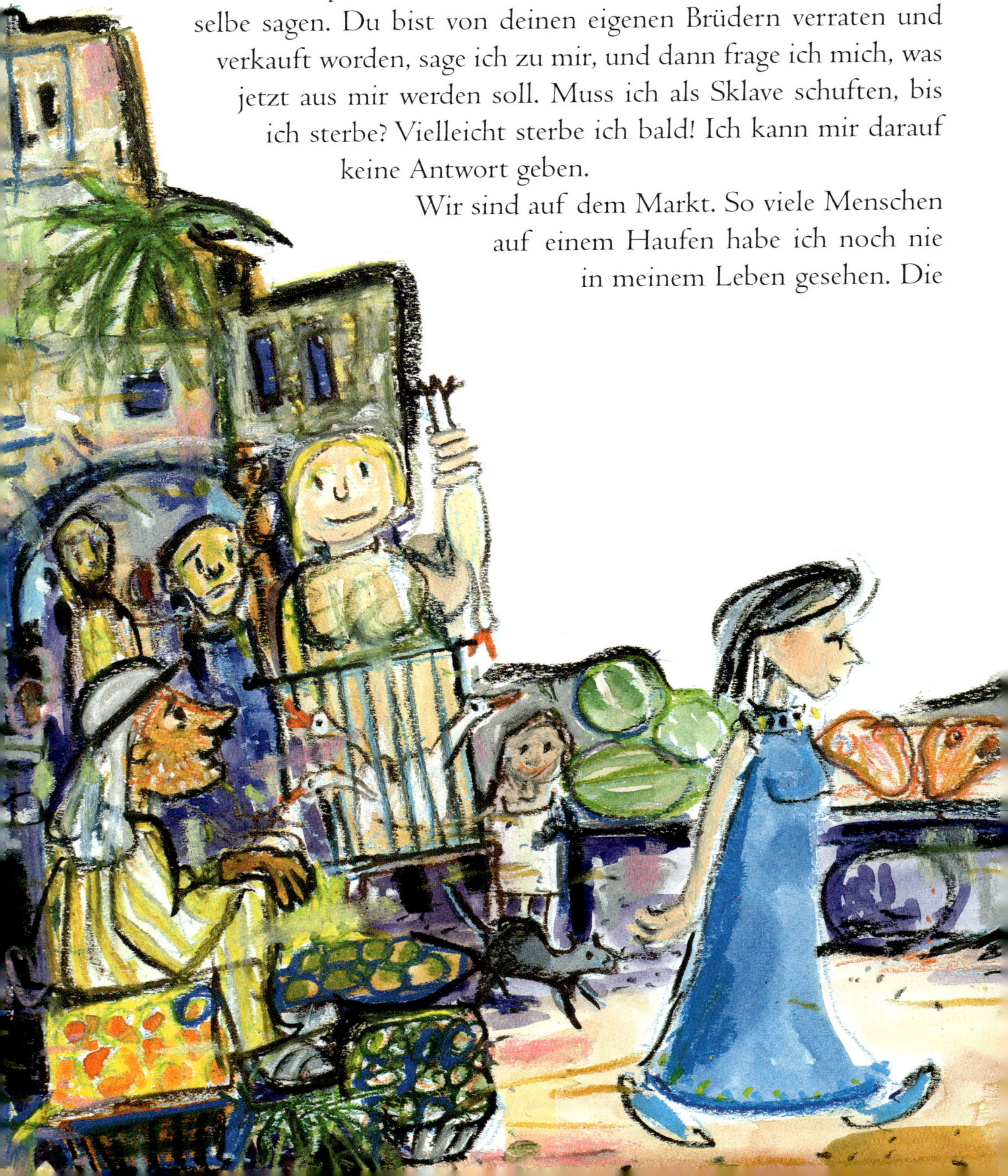

ganze Straße hinauf und hinunter sitzen sie und winken und rufen. Es riecht nach süßem Obst und herben Gewürzen, nach Pfeffer, Zimt und Nelken. Es lärmt und rauscht und blökt und schreit. Tücher wehen, Kamele bahnen sich ihren Weg durch die Menge und überall klimpert das Geld in den Taschen.

»Eine Minute nur, mein Lieber«, ruft ein alter Ägypter mit zerknittertem Gesicht, »eine Minute, und ich zeige dir die Schätze, die ich habe: Schmuck, Ketten, Amulette ...«

Ismael Ben Ismael geht vorbei, ohne ihn eines Blickes zu würdigen, und ich trotte hinterher. Er hat mich mit einem Seil an sich gebunden, und ich muss dicht hinter ihm bleiben, damit ich nicht falle.

»Brot, frisches Brot«, ruft jemand von rechts und trägt ein schwankendes Blech voll mit dampfenden Brotfladen über den Köpfen der vorbeieilenden Menschen. Hinter ihm schiebt einer einen Karren voller Schafsköpfe. Ein paar Schritte weiter flattern aufgeregt Hühner in ihren Käfigen. Rechts und links an der Straße liegen jetzt Fässer voller Oliven und eingelegten Gurken, daneben stehen Körbe mit Tomaten. An großen Zweigen hängen Datteln, daneben liegen auf Stöcken aufgereiht getrocknete Feigen.

»Komm, komm«, winkt einer, der meinen Blick sieht, »hast du keinen Hunger?«

»Eine Minute nur, mein Lieber«, höre ich den zerknitterten Alten aus der Ferne wieder rufen und neben mir zupft ein anderer an meinem Kleid und grinst mir ins Gesicht: »Brauchst du ein neues Gewand? Ich habe bunte, weiche ...«

Da fällt sein Blick auf das Seil, mit dem ich angebunden bin, und er wendet sich ab. »Ach so, ein Sklave«, höre ich ihn murmeln und schon zupft er am Nächsten. »He, was ist mir dir? Brauchst du ein neues Gewand?«

Ein paar Häuser weiter werden Menschen verkauft. Hierhin bringt mich Ismael Ben Ismael. Jetzt stehe ich auf einem Karren, als wäre ich ein Gemüse oder ein Schmuckstück, und die Leute starren mich an, während er ruft, winkt und neckt.

»Billiger Arbeiter, jung und kräftig!«

»Eine Minute nur, mein Herr, und ich zeige Ihnen seine Muskeln ...«

»Brauchen Sie einen neuen Sklaven, meine Dame? Nein? Schauen Sie nur, solange Sie wollen, das kann dem jungen Mann nicht schaden! Ist er nicht liebreizend?«

Vor mir steht eine junge Frau mit hochgestecktem schwarzen Haar und schaut mich interessiert an. Wenn ich kein gefesselter

Sklave wäre, würde ich mich vielleicht freuen, dass mich eine junge Frau so interessiert anblinzelt. Aber so ...

Ich senke den Blick und starre auf den Boden. Aus den Augenwinkeln sehe ich, dass sie lacht und weitergeht.

»Billiger Arbeiter, jung und kräftig!«

»Jetzt entscheidet sich mein ganzes weiteres Leben«, denke ich. »Ob ich einen netten Herrn bekomme. Ob ich hart arbeiten muss. Ob mich überhaupt einer will! Vielleicht muss ich noch jahrelang hinter dem Hintern des Kamels des Ismael Ben Ismael gehen!«

Viele betasten mich, sie fahren mir über die Wange und testen meine Armmuskeln. Ich mache die Augen zu und träume derweil vom Sonnenaufgang über den Hügeln meiner Heimat. Nur so kann ich es ertragen. »Bitte, bitte, lieber Gott«, denke ich, »gib, dass mich ein freundlicher Mensch kauft!«

Schließlich kommt ein dunkler Ägypter mit wachem Blick auf mich zu und sagt: »Gib mir den Arbeiter dort. Wie viel willst du haben?«

»Fünfzig Silberstücke«, sagt Ismael Ben Ismael.

»Fünfzig Silberstücke?« Der dunkle Ägypter schlägt sich an die Stirn. »Ich bin ein armer Mann und habe zwanzig Kinder!«

Wo habe ich das schon mal gehört?

»... sagen wir fünfundzwanzig Silberstücke?«

Jetzt handeln sie wieder, nach allen Regeln der Kunst. Als ob ich ein Stück Vieh wäre!

»Ich bin auch ein armer Mann und habe auch zwanzig Kinder«, jammert Ismael Ben Ismael »Du machst mich arm, wenn du mir nicht mindestens fünfundvierzig Silberstücke gibst!«

»Sagen wir dreißig?!«

»Das ist ja weniger, als ich für ihn bezahlt habe«, höre ich Ismael Ben Ismael lügen. »Unter vierzig kann ich ihn dir nicht geben!«

Bitte, bitte, denke ich, nimm mich für vierzig, ich kann das hier nicht länger ertragen! Aber der Ägypter will schon weitergehen!

»Halt«, ruft ihm Ismael Ben Ismael hinterher. »Sagen wir neununddreißig?«

Der Ägypter tut so, als würde er nicht hören.

»Achtunddreißig? ... Fünfunddreißig? ... Dreiunddreißig?«

Der Ägypter bleibt stehen. »Dreißig«, sagt er. »Mein letztes Gebot.«

»Zweiunddreißig? Du weißt, ich habe eine große Familie!«

»Ja, ja, ich weiß«, sagt der Ägypter. »Gib ihn mir für einunddreißig, und du hast ein gutes Geschäft gemacht.«

»Einverstanden«, sagt Ismael Ben Ismael und schlägt ein. Ich bin verkauft! Ich gehöre jetzt einem Ägypter!

»Hier, nimm den Strick«, sagt Ismael Ben Ismael zu dem Ägypter, als der ihm einunddreißig Silberstücke in die Hand gezählt hat, und wirft ihm den Strick zu, an dem ich hänge. Zu mir sagt er nichts mehr, sondern wendet sich zum Gehen, zurück zu seiner Karawane.

»Ich heiße Potifar«, sagt der dunkle Ägypter und reicht mir die Hand. »Willkommen in meinem Haus.«

Vielleicht ist mein Gebet erhört worden, hoffe ich, und mein neuer Herr ist freundlich.

»Wie ist dein Name?«

»Josef«, sage ich leise.

»Gut, Josef, lass uns zu meinem Haus gehen. Wenn du dich nützlich machst, dann werden wir gut miteinander auskommen.«

Einige Stufen führen aus dem Marktgedränge, und nach wenigen Schritten kommen wir zu Potifars Haus. Er öffnet die Tür.

»Ich habe den Sklaven erstanden«, ruft er hinein.

Aus der Tür tritt die junge Frau mit dem hochgesteckten schwarzen Haar und lächelt mir zu.

Im Hause des Potifar

Potifar ist der Oberste der Palastwache, er arbeitet für den Pharao persönlich. Die junge Frau mit dem schwarzen Haar ist seine Frau, und ich gefalle ihr, glaube ich.

Ich habe Glück gehabt mit meinem neuen Herrn. Einige Wochen habe ich in der Küche gearbeitet und die Speisen aufgetragen, bald schon durfte ich kochen und einkaufen, und nur wenige Tage später rief mich Potifar zu sich und sagte: »Josef, du bist geschickt und zuverlässig. Ich setze dich über mein ganzes Haus. In Zukunft bist du der Oberste meiner Diener!«

Mein Herz hüpfte einmal in die Höhe und dann ganz tief in den Magen, als ich das hörte. Welche Aufgabe! Und so bin ich jetzt der Oberste der Diener im Hause Potifar!

Wenn das mein Vater wüsste, denke ich mir manchmal. Und wenn das meine Brüder wüssten! Ich, der kleine Josef, bin noch am Leben und es geht mir gut. Ich bin bis ins ferne Ägypten gekommen und hier bin ich Herr über den gesamten Haushalt von Herrn Potifar. Wenn ich aus dem Fenster schaue, sehe ich über den Markt der Stadt, hinunter bis zum Nil, wo die Palmen stehen und die grünen Felder liegen, und bis hinauf zum Palast, in dem der Pharao wohnt, der König der Ägypter. Einmal habe ich den Pharao höchstpersönlich durch die Stadt ziehen sehen, auf einem goldenen Wagen!

Gerade blicke ich aus dem Fenster und überlege, wohin die Schiffe wohl fahren, die den Nil herabkommen, und dann denke ich an Mädchen, die auf weißen Kamelen durch die Palmenhaine reiten und rufen: »Josef, wir verneigen uns vor dir wie die Sterne ...«

»Josef!«

Erschrocken drehe ich mich um. Wer ruft da?

Hinter mir steht Potifars Frau. Heute trägt sie ihr schwarzes

Haar offen. In leichten Wellen fällt es auf ihre Schultern. Sie schaut mich an und ich schaue sie an und denke: »Schade, dass sie schon verheiratet ist.«

»Josef«, sagt sie noch einmal, diesmal leise und mit einer irgendwie rauen Stimme.

»Meine Herrin«, antworte ich und kann den Blick nicht von ihren Augen abwenden.

»Du bist geschickt in allem, was du tust«, sagt sie und lächelt mir zu.

Ich lächle geschmeichelt. Wenn das meine Brüder hören könnten! Ha!

»Ich kann dich lehren, noch geschickter zu werden.«

Verdutzt schaue ich sie an.

»Ich kann dich Dinge lehren, die du nicht kennst.«

Was meint sie? Und warum klimpert sie so mit den Augen?

»Küss mich!«, flüstert sie mit rauer Stimme.

Erschrocken fahre ich zurück.

»Na los«, sagt sie und nimmt meine Hand.

»Aber ... aber«, stottere ich, »du bist Potifars Frau.«

»Und? Hat er dich nicht über sein ganzes Haus gesetzt, sodass du schalten und walten kannst, wie du willst?«

Ich reiße mich los und plötzlich kann ich wieder klar denken. »Er hat mich über sein Haus gesetzt und über alle Diener. Aber du bist seine Frau, und das geht nicht an, dass wir zwei uns küssen ... Ich kann dich nicht lieben und du mich nicht, du bist schon verheiratet!«

Sie lächelt nur traurig.

Ich starre sie an. Wie kommt sie auf den Gedanken, ich würde sie küssen und ihren Mann und meinen Herrn betrügen? Das wäre ein großes Unrecht vor Gott und den Menschen!

Ich drehe mich um und lasse sie stehen.

Drei Tage lang versuche ich ihr aus dem Weg zu gehen. Ich gehe mit den Hausdienern zum Einkaufen auf den Markt, ich ersteigere drei schwarze Hühner und ein Lamm, ich jäte Unkraut im Garten, ich schlichte Streit zwischen zwei Küchenjungen, ich wasche die Vorhänge im Haus, aber all das kann mich nicht ablenken. Immer muss ich an die schöne Herrin denken! Wie sie wohl aussähe, wenn sie auf einem weißen Kamel heranritte und riefe: »Mein Lieber, küss mich, ich will dich heiraten!«

Weg mit diesen Gedanken!

Am vierten Tag ist Potifar schon in der Früh aus dem Haus gegangen. Ich sitze pfeifend in der Küche und gehe die Rechnungen durch. Ein Korb Zwiebeln, ein Korb Datteln, zwei Fässer Salzgurken ...

»Josef«, höre ich sie rufen, doch ich tue so, als hörte ich sie nicht.

... drei Hühner, ein Lamm ...

»Josef, wo steckst du?«

... ein Sack Mehl, frisch gemahlen ...

Jetzt steht sie hinter mir. »Josef, warum antwortest du nicht?«

»Ich habe dich nicht gehört.«

Sie lächelt mich an. Wieder fallen ihre schwarzen Haare über ihre Schultern.

»Komm einmal mit«, sagt sie und führt mich hoch zu ihrem Zimmer.

»Tritt ruhig ein«, sagt sie.

Ich trete in ihr Zimmer und merke, dass meine Hände leicht zittern.

Sie steht vor mir und lächelt mir zu. Unsicher lächle ich zurück.

Plötzlich öffnet sie die Schleife an ihrem Hals und lässt ihr Kleid fallen. Nackt steht sie vor mir und legt die Arme um meinen Hals. Mir schlägt das Herz bis obenhin. Sie ist wunderschön. Aber sie ist ... nein ... sie kann nicht meine Frau werden, sie ist ja schon verheiratet. Was macht sie da? Schon spüre ich, wie sie mir meinen Arbeitskittel löst ...

Da reiße ich mich los und renne davon, hinunter in den Garten.

Wo ist ...? Erschrocken schaue ich an mir hinab.

Mist, mein Arbeitskittel liegt oben bei ihr im Zimmer!

Was soll ich tun?

Da höre ich schon Geschrei! »Josef wollte mich verführen«, ruft sie durchs ganze Haus. Was? Diese Lügnerin! Es ist doch genau umgekehrt!

»Fangt mir diesen heimtückischen Menschen«, höre ich sie rufen, und jetzt höre ich auch noch, dass Potifar persönlich nach Hause kommt.

»Mein Mann!«, ruft sie. Wahrscheinlich umarmt sie ihn jetzt und drückt ein paar Tränen aus ihren Augen, mit denen sie vor ein paar Minuten versucht hat, mich zu verführen. »Mein Mann, denke dir, was passiert ist. Josef, dem du doch so vertraust, er wollte mich verführen, hier stand er und hat versucht mich zu küssen, dann hat er seinen Kittel ausgezogen ...«

Ich höre Potifar schnauben.

»... dann hat er seinen Kittel ausgezogen, aber als ich angefangen habe zu schreien, ist er hinausgelaufen ...«

Ich höre Potifar die Treppe hinuntereilen. Schon tritt er in den Garten.

»Josef!«, schreit er zornig, und ich sehe aus seinen Augen Funken sprühen. »Ich habe dir vertraut und was machst du?«

»Es war alles anders, als du denkst!«, sage ich, doch er hört mich nicht. Er will mich nicht hören.

»Ab ins Gefängnis mit dir. Ich rufe die Wachen! Das hast du dir so gedacht, die Frau des Obersten der Palastwache zu verführen, ha!«

Mir schießen die Tränen in die Augen. Wie ungerecht die Welt ist! Ich protestiere, doch niemand will mich hören. Die Wachen kommen.

Gefangen!

Mit einem lauten Knall wird die Kerkertür hinter mir zugeworfen. Rumms. Dann ist Stille. Und dunkel ist es auch.

»Ah, wen haben wir denn da?«, fragt eine Stimme aus dem Dunkeln. »Ein Neuling, was?«

»Ja«, sage ich. Was soll ich auch sonst sagen. »Aber ich bin unschuldig.«

»Ach was!«

»Ja!«, sage ich ein wenig ärgerlich in die Dunkelheit hinein. Warum glaubt mir keiner!

»Das sagt jeder, der hier hineinkommt«, antwortet die Stimme aus dem Dunkeln. »Jeder findet, er ist unschuldig.«

Langsam gewöhnen sich meine Augen an die Dunkelheit. Spärlich sickert ein wenig Tageslicht durch schmale Schlitze in der Wand. Auf einem hölzernen Hocker kauert ein dicker Mann, breite Nase, breites Kinn und kleine, dunkle Augen.

»Ich bin Amun«, sagt er, ein wenig freundlicher jetzt, und reicht mir die Hand. Zögernd mache ich einen Schritt auf ihn zu und nehme die fleischige Hand.

»Willkommen in diesem finsteren Loch«, sagt Amun. »Ich bin der Bäcker des Pharaos.« Er zögert. »Gewesen«, fügt er leiser hinzu.

»Ich bin Josef«, sage ich.

»Der Diener aus dem Hause Potifar?«, höre ich eine tiefe Stimme weiter drinnen im Raum fragen.

»Ja«, sage ich und spähe in die Finsternis, um zu sehen, wem diese tiefe Stimme gehört.

»Das ist Ramon«, sagt der Bäcker, der meinem Blick gefolgt ist. »Er ist der Mundschenk des Pharaos.«

»Gewesen, gewesen«, grunzt die dunkle Stimme aus der Finsternis. »Wer weiß, ob ich dem Pharao jemals wieder seinen Wein bringen darf, wie ich das als Mundschenk jahrelang getan habe. Du, ich habe von dir gehört, Josef aus dem Hause Potifar. Du sollst ein schlauer Bursche sein und einen Haushalt hervorragend führen können.«

»Was nutzt mir das«, murmle ich.

»Nichts nutzt dir das, genauso wenig wie es mir nutzt, dass ich immer gute Brote gebacken habe und nie betrogen, mein Leben lang«, sagt der dicke Bäcker. »Einmal in Ungnade, schon sitzt du hier unten im Loch!«

»Ja«, sagt der Mundschenk, »wer beim Pharao in Ungnade fällt, der kann sich aufgeben.«

Ich sage nichts. Schon wieder bin ich in einem Loch. Aber diesmal wird mir niemand heraushelfen. Niemand wird mir die Wahrheit glauben. Mir, einem Sklaven!

»Sag, Kleiner, kennst du dich mit Träumen aus?«, fragt da der Bäcker. »Der Mundschenk und ich, wir streiten uns schon den ganzen lieben langen Tag, was die Träume bedeuten mögen, die uns letzte Nacht überfallen haben und nicht mehr loslassen.«

»Träume zu deuten ist Gottes Sache«, sage ich. »Aber meine Brüder haben mich immer den Träumer genannt, also – wenn ihr wollt, könnt ihr mir eure Träume erzählen. Vielleicht hilft mir Gott sie auszulegen.«

Da kommt der Mundschenk zu mir und sagt mit leiser Stimme:

»In meinem Traum sah ich einen Weinstock vor mir, und an dem Weinstock wuchsen drei Ranken. Schnell und leicht wuchsen sie, schon blühten sie, dann trugen sie Frucht, viele reife Trauben! Da nehme ich die Beeren und presse sie in den Becher des Pharaos und reiche den Becher dem Pharao, und er nimmt ihn. – Sag mir, Kleiner, was könnte das bedeuten?«

Ich überlege kurz. Dann, ich weiß auch nicht woher, kommt mir ein Gedanke und der Traum erscheint mir plötzlich ganz klar! »Der Traum ist einfach zu deuten«, sage ich. »Die drei Ranken sind drei Tage. Noch drei Tage, dann holt der Pharao dich wieder hier heraus und du darfst ihm wieder seinen Becher reichen und alles ist wie früher!«

Der Mundschenk steht auf, lacht kurz auf und geht im Raum auf und ab.

»Wenn es stimmt, was ich dir sage, dann denk an mich und hilf mir, wenn du draußen bist«, sage ich zu ihm, denn plötzlich keimt in mir ein wenig Hoffnung, dass ich einen Verbündeten gewonnen habe.

»Warten wir es ab«, sagt der Mundschenk. »Du hast gut gedeutet. In drei Tagen bin ich vielleicht frei!«

Als der Bäcker das hört, kommt er auch zu mir und raunt mir zu. »Eine sehr gute Deutung, Junge. Jetzt deute meinen Traum auch.«

Ich nicke.

»In meinem Traum sah ich drei Körbe mit Brot auf meinem Kopf, und im obersten Korb allerlei Kuchen und süßes Backwerk für den Pharao. Aber da kommen Vögel und fressen alles Backwerk aus den Körben auf meinem Kopf.«

Der Bäcker späht zu mir hinüber. »Was heißt das wohl?«

Und wieder erscheint mir der Traum ganz leicht zu deuten. Wieder weiß ich nicht, woher meine Gedanken kommen. Ich zögere kurz, weil die Deutung, die mir kommt, keine gute ist. Aber ich will den Bäcker nicht belügen. Also schaue ich ihn fest an.

»Ich meine«, sage ich, »dein Traum bedeutet Folgendes: Drei Körbe sind drei Tage. Drei Tage noch, dann holt dich der Pharao aus diesem Loch, aber nicht, um dich zu befreien, sondern um dich an den Galgen zu hängen. Da hängst du dann, und all das Vogelvolk kommt und pickt dir das Fleisch von den Knochen.«

Da wendet sich der Bäcker ab, genauso erschrocken wie ich. Denn woher weiß ich, was der Traum bedeutet? Wer spricht da aus mir?

»Träume zu deuten ist Gottes Sache«, murmle ich vor mich hin. Und wenn es nun tatsächlich Gott ist, der durch mich sprechen will?

Drei Tage vergehen, drei dunkle Tage im Kerker, und jeden Tag werden der Bäcker und der Mundschenk zittriger und zittriger.

»Was ist, wenn die Traumdeutung stimmt?«, murmelt der Bäcker leise, immer und immer wieder. Ich selbst sage nichts. Ich liege auf meiner Pritsche und warte einfach. Ich habe keinen Traum gehabt, der mir sagen könnte, wie es mit mir weitergeht.

Am dritten Tag lässt man den Bäcker und den Mundschenk tatsächlich rufen. Zitternd stehen beide da und schauen mich an.

»Schnell, schnell«, schimpft der Gefängniswärter von draußen. »Raus mit euch, ihr beiden, der Pharao hat Geburtstag und holt euch beide hier heraus. Aber freut euch nicht zu früh, hehe.«

Noch ein letzter Blick, dann sind der dicke Bäcker und der Mundschenk verschwunden und ich bleibe allein im Kerker.

Beide kommen nicht zurück, und ich habe keine Ahnung, was mit ihnen passiert ist. Wenn meine Traumdeutung wahr geworden wäre, dann hätte der Mundschenk sich doch an mich erinnert und sich um mich bemüht, oder? Dann hätte er sich für mich eingesetzt!

Doch ich höre nichts und sehe nichts. Die Tage verstreichen. Die Nächte verstreichen. Die Wochen verstreichen. Wie lange ich hier drin bin, weiß ich nicht.

Eines Tages aber werde ich gerufen. »Heda, du Träumer, steh auf. Der Pharao will dich sprechen.«

Der Pharao? Mühsam richte ich mich auf und schleppe mich zur Tür.

Tatsächlich, die Tür schwingt auf und der Gefängniswärter mustert mich von oben bis unten. Dann rümpft er die Nase.

»Komm mit, wir müssen dich waschen und dir neue Kleider geben, so kannst du nicht vor den Pharao treten! Mach schon.«

Ich weiß nicht, wie mir geschieht, aber ich trotte dem Mann hinterher und steige brav in den großen Wasserbottich, während er mir neue Kleider zurechtlegt. Wie groß die Welt hier draußen ist! Ich habe schon ganz vergessen, wie hell die Sonne scheint!

»Was will der Pharao von mir?«, frage ich den Mann.

»Träumedeuten«, grunzt der nur.

»Träumedeuten?«

»Mach dich fertig, ich führ dich hin, dann kannst du ihn selbst fragen«, sagt der Mann und reicht mir mein neues Gewand. Es ist weiß mit goldenen Streifen. Wie wunderbar weich es ist!

Dann führt er mich zum Pharao. Er sieht noch genauso aus, wie ich ihn einst gesehen habe, damals, als ich noch im Haus des Potifar war. Nur dass er jetzt nicht in einer goldenen Kutsche sitzt, sondern auf einem goldenen Stuhl. Um ihn herum stehen die Weisen des Landes.

»Du bist Josef?«, fragt er mich.

Ich nicke nur und bekomme kein Wort heraus.

»Mein Mundschenk hat mir erzählt, dass du Träume deuten kannst.«

Wieder nicke ich. Also hat es gestimmt, was ich dem Mundschenk und dem Bäcker gesagt habe? Wahrscheinlich.

»Mich plagt ein Traum und lässt mich nicht mehr los«, sagt der Pharao leise und blickt dabei in die Ferne, »und alle Weisen des Landes wissen ihn nicht zu deuten.«

Ich nicke wieder, sage aber nichts. Ich weiß nicht, ob man einfach so zum Pharao reden darf.

»Hör zu, Josef aus dem Kerker, ich will dir meinen Traum sagen. Ich stehe am Fluss und blicke aufs Wasser. Da kommen sieben Kühe aus dem Fluss, schön sehen sie aus und fett sind sie über und über, und sie weiden am Flussufer. Doch wieder steigen sieben Kühe aus dem Fluss, diesmal sind sie mager und hässlich. Und wie sie aus dem Wasser steigen, machen sie sich über die fetten Kühe her und fressen sie auf ...« Der Pharao hält inne. »Hier wache ich immer auf und der Traum ist zu Ende. Doch wenn ich dann wieder einschlafe, geht der Traum weiter. Sieben saftige volle Kornähren wachsen aus einem Halm. Fett sind sie und appetitlich. Doch da kommen sieben magere Ähren, vom Ostwind ganz versengt, und sie verschlingen die fetten Ähren.«

Der Pharao sieht mich an. »So ist mein Traum«, sagt er. »Deute ihn mir!«

»Ich kann es nicht«, antworte ich. »Gott kann es.«

»Dann frage Gott«, sagt der Pharao. »Meine Magier können es nicht.« Ich denke nach, und plötzlich ist es mir wieder, als wäre die Deutung ganz leicht.

»Pharao«, sage ich. »Deine beiden Träume bedeuten dasselbe.«

Der Pharao schaut mich an und alle Weisen des Landes schauen mich an.

»Und was?«, fragt der Pharao.

»Die sieben fetten Kühe sind sieben Jahre, und die sieben dicken Ähren sind dieselben sieben Jahre. Gott will sieben fette Jahre schicken, in denen alles wächst und gedeiht und jedermann genug zu essen hat in Ägypten. Die sieben mageren Kühe und die sieben dürren Ähren bedeuten wiederum sieben Jahre. Denn nach den fetten Jahren wird Gott sieben dürre Jahre schicken, und der Hunger wird das Land verzehren, so wie die fetten Kühe und die schönen Ähren verzehrt werden.«

Der Pharao sieht mich genau an.

»Und weil gleich zwei Träume zu dir gekommen sind, die dasselbe bedeuten, heißt das: Du musst dringend etwas tun. Du musst einen weisen und geschäftstüchtigen Mann über dein Haus und über Ägypten setzen, der dafür sorgt, dass in den fetten Jahren Getreide und Vieh gesammelt wird, damit genug zu essen da ist, wenn die Hungerjahre kommen.«

Ich wage nicht den Blick zu heben, aber ich spüre, dass der Pharao mich nicht aus den Augen lässt.

»Gut geredet«, sagt er leise. »In dir ist Weisheit Gottes.«

Dann steht er auf.

»Ich habe beschlossen, den Rat zu befolgen, den Josef aus dem Kerker mir gab. Ich werde einen weisen und tatkräftigen Mann über mein Haus und über Ägypten setzen, der mir hilft, Korn und Getreide, Fleisch und Fisch in den fetten Jahren zu sparen, auf dass uns der Hunger nicht überrascht! Und wie finde ich diesen Mann?«

Der Pharao macht eine Pause und schaut sich im Raum um. Keiner sagt etwas.

»Nun, ich finde, da niemand in der Lage war, mir meine Träume mit solcher Weisheit zu deuten wie Josef aus dem Kerker, soll er der Mann sein, den ich über mein Haus und über Ägypten setze, um mir zu helfen.«

Ich soll der Mann sein, der für den Pharao das Land ordnet? Ich? Der Träumer? Das ist wahrscheinlich ein Witz!

Doch der Pharao kommt auf mich zu und zieht sich einen Ring vom Finger und gibt ihn mir.

»Da«, sagt er zu mir. »Steck dir diesen Ring an zum Zeichen deiner neuen Würde.«

Und er nimmt sich eine Kette vom Hals und legt sie mir um.

»Und diese Kette nimm auch. Sie soll dich bewahren vor Unglück.«

Ich schlucke, dann gelingt es mir zu sagen: »Danke.«

Der Pharao sieht mir in die Augen und lächelt mir zu. »Ich vertraue dir«, sagt er. »Wenn du durchs Land fährst, fahre du in meiner Zweitkutsche. Jemand soll vor dir herlaufen und laut rufen: ›Achtung, hier kommt Zofnat-Paneach, der vom Pharao übers Land gesetzt ist.‹«

»Zofnat-Paneach?«

»Ja, Zofnat-Paneach. So will ich dich in Zukunft nennen.«

Und so kommt es, dass ich jetzt nicht mehr Josef der Träumer bin und auch nicht mehr Josef aus dem Kerker, sondern Zofnat-Paneach, der Aufseher über ganz Ägypten, und dass ich in einer Kutsche des Pharaos fahre.

Der heiße Wind

Sieben Jahre voller Arbeit! Was in sieben Jahren alles passieren kann! Scheunen wurden gebaut und Kornspeicher, Fässer wurden gefertigt und Säcke genäht. In sieben fetten Jahren blühte und gedieh das Land, die Kühe wurden tatsächlich so fett wie im Traum des Pharao, die Schafe bekamen doppelt so viele Lämmer wie sonst, die Apfelbäume bogen sich unter der Last der Äpfel, die Zitronenbäume hingen voll mit Früchten, die Palmen waren voller Datteln, das Korn stand reich auf den Feldern, die Bohnen und die Linsen wuchsen hoch und wurden dick, die Weintrauben hingen über und über in den Weinbergen. In sieben fetten Jahren wurden die Gurken eingelegt und die Oliven ausgepresst, die Trauben wurden zu Rosinen getrocknet, die Fische geräuchert und die Schafe gepökelt.

Sieben Jahre lang bin ich durchs Land gefahren und habe die Ägypter beaufsichtigt, die Bauern und die Geschäftsleute, die Handwerker und sogar die Oberen der Palastwache. Und wenn ich mit der Zweitkutsche des Pharaos vor den Häusern der Ägypter auftauchte, dann rief einer vor mir her: »Achtung, hier kommt Zofnat-Paneach«, genau wie es der Pharao gesagt hat. Und ein Mädchen auf einem weißen Kamel ist auch zu mir gekommen und hat gerufen »Josef, komm mit mir!« – nein, ganz so war es nicht. Aber auf jeden Fall habe ich Asenat geheiratet, und sie hat zwei Kinder bekommen, Manasse und Ephraim. Doch das ist eine andere Geschichte.

Die sieben fetten Jahre sind jetzt vorbei, und alles ist in die Scheunen gefahren und in den Fässern gelagert.

Und es ist nicht zu fassen – meine Traumdeutung stimmt! Seit drei Monaten ist alles trocken und heiß. Der heiße Wind überfällt das Land. Der Boden ist schon aufgesprungen und rissig. Die Bauern jammern schon. Und es kommen Boten aus den Ländern ringsumher und melden: Nirgendwo mehr Wasser! Die Tiere verdursten und das Korn auf den Feldern verwelkt.

Nur hier in Ägypten gibt es noch etwas zu essen, denn wir haben ja unsere Scheunen und Vorratslager. Und wem haben das die Ägypter zu verdanken? Mir, dem Träumer. Oder vielmehr Gott.

Seit einigen Wochen kommen sogar die Menschen von ringsumher, von Kanaan und von Midian, um bei uns in Ägypten das Nötigste zum Essen einzuhandeln, Korn und Oliven, Datteln und Fisch. In langen Schlangen warten sie vor den Ständen, bis sie an die Reihe kommen.

Ich stehe auf dem Markt und beaufsichtige den Handel. Da durchfährt es mich von oben bis unten. Die Gesichter da hinten kenne ich doch!

Das sind ...

... meine Brüder!

Dort drüben, hinter dem Holzverschlag für die Kamele, dort drüben stehen zehn Männer. Ja, sie sind es: Ruben, Simeon, Levi, Juda, Dan, Naftali, Gad, Ascher, Issachar, Sebulon. Sie sind es, auch wenn sie ein wenig älter aussehen! Meine Brüder sind hier, um Vorräte zu kaufen! Nur Benjamin, mein kleiner Bruder, fehlt! Und mein Vater.

Plötzlich ist alles wieder in meinem Kopf! Unser Lager. Unsere Zelte. Unsere Geschichten. Unsere Spiele. Wie sie mich verkauft haben. Mein Leben als Sklave. Ich im Gefängnis. So viel gibt es zu erzählen!

Ob meine Brüder mich erkennen? Ich sehe anders aus als früher. Ein großer Mann bin ich geworden. Ich trage einen Bart, ganz nach ägyptischer Mode. Ich habe zwar wieder ein buntes Kleid an, ganz wie früher, aber es ist voller ägyptischer Muster und mit Gold durchwebt. Nein, ich glaube nicht, dass meine Brüder mich erkennen.

Das Herz schlägt hart in meiner Brust, als ich zu ihnen hinübergehe. Sie blicken auf und verneigen sich vor mir. Vor mir! Weil sie mein teures Gewand sehen.

»Wer seid ihr und was wollt ihr hier?«, frage ich sie und bemühe mich, möglichst sachlich zu klingen.

»Wir ... wir ...«, fängt Juda an und verstummt dann vor lauter Ehrfurcht.

»Wir kommen aus Kanaan und wollen Getreide kaufen«, sagt Ruben schließlich.

Ich schaue sie an, doch sie senken den Blick und starren auf den Boden. Schaut mich an, möchte ich sagen, dann erkennt ihr mich!

Aber sie schauen mich nicht an. Und ich weiß nicht warum, es durchfährt mich eine Wut, dass ich aufschreien könnte!

»Nein, ihr seid Kundschafter!«, rufe ich laut. »Spione seid ihr und wollt unser Land ausspionieren!«

Einige Männer drehen sich um und die Marktwache kommt schon näher.

»Nein, nein«, verteidigt sich Simeon. »Es ist wie wir sagen.«

»Wir sind ehrlich mit dir, hoher Herr«, sagt Ruben.

»Wir sind zwölf Söhne, alle von einem Vater«, sagt Dan.

»Zwölf?«, rufe ich wütend. »Ich sehe nur zehn.«

»Ja, ja«, beeilt sich Ruben zu sagen. »Unser jüngster Bruder ist noch bei seinem Vater und der andere ist nicht mehr da.«

»Nicht mehr da? Was meinst du mit nicht mehr da?«, höre ich mich rufen. »Hat er sich in Luft aufgelöst? Ist er davongeflogen? Habt ihr ihn irgendwo vergessen?«

Ich blicke in ihre erschrockenen Gesichter, aber sie erkennen mich nicht. Warum ist die Welt so schrecklich kompliziert? Warum können sie mir nicht einfach sagen, dass es ihnen schrecklich Leid tut, was sie angestellt haben? Und ich könnte ihnen dann einfach vergeben. Aber nein, stattdessen sagen sie nichts. Und deswegen verrate ich ihnen auch nicht, wer ich bin.

»Ich glaube euch kein Wort! Ihr müsst mir schon beweisen, dass es stimmt, was ihr behauptet«, rufe ich zornig. »Geht und bringt mir den jüngsten Sohn nach Ägypten, hierher vor meine Augen! Der andere mag meinetwegen verschwunden bleiben! Wenn der jüngste Sohn hier vor mir auftaucht, dann will ich euch glauben und dann sollt ihr Getreide haben so viel ihr wollt! Zum Pfand aber soll einer von euch im Gefängnis bleiben.«

Meine Brüder sehen sich an, und ich kann die Ratlosigkeit in ihren Augen erkennen.

»Nun, ich gebe euch drei Tage Bedenkzeit. Wache! Führt diese Männer ins Gefängnis! Dort mögen sie zur Besinnung kommen und tun, was ich will. Oder sie werden verschmachten!«

Ich wende mich ab und gehe.

Das Wiedersehen

Alles ist geschehen, wie ich es mir ausgedacht habe. Nach drei Tagen waren sich meine Brüder einig. Simeon blieb im Gefängnis als Pfand zurück. Die anderen brachen nach Kanaan auf, zu unserem Vater und zu Benjamin. »Das geschieht uns jetzt als Strafe dafür, dass wir Josef verraten haben«, hörte ich sie tuscheln. »Wir sahen die Angst in seiner Seele, als er uns anflehte, doch wir haben ihn nicht gerettet, wir haben ihn verkauft.«

Wenn sie wüssten! Als ich sie so reden höre, bin ich gleich ein wenig versöhnter.

Für das Geld, das meine Brüder dabeihatten, habe ich ihnen einige Säcke Getreide gegeben. Sie sollen ja schließlich nicht hungern und unser Vater auch nicht. Ich habe ihnen sogar ihr Geld wieder zwischen das Getreide gesteckt. Da werden sie sich sicher wundern, wenn sie es merken! Vielleicht denken sie, es wäre ein Wunder! Haha! Dabei war es nur ich!

Ich kann mir gut vorstellen, warum Benjamin nicht mit nach Ägypten gereist ist. Unser Vater hat ihn sicher nicht gehen lassen, weil er der Jüngste ist und weil er ihn lieb hat und nicht verlieren will und nicht ganz allein zurückbleiben wollte. Aber ich will, dass alle meine Brüder hier in Ägypten vor mir erscheinen, alle! Denn alle haben mich ins Loch geworfen und verraten und verkauft, alle gemeinsam!

Wochenlang warte ich auf Nachricht, und mein armer Bruder Simeon im Gefängnis wartet sicher auch. Wochenlang kommen meine Brüder nicht zurück. Eine Karawane nach der anderen kommt zum Markt, sie sind nicht dabei. Vielleicht trauen sie sich nicht, noch einmal nach Ägypten zu wandern? Vielleicht lässt sie unser Vater nicht ziehen? Aber wartet nur, irgendwann drückt euch der Hunger zu sehr und ihr werdet wiederkommen müssen!

Und endlich, nach langen Tagen und langem Warten, sehe ich meine Brüder wieder über den Markt eilen. Hinter sich her ziehen sie ihre Esel. Suchend schauen sie sich um. Ja, und da hinten ist auch Benjamin mit dabei! Sie haben sich also an die Abmachung gehalten!

»Führe diese Leute da hinten in mein Haus«, sage ich zu meinem Diener. »Sie sollen dort heute mit mir essen.«

Und von fern beobachte ich, wie meine Brüder in mein Haus geführt werden und sich unsicher umschauen. Schnell schlüpfe ich durch den Hintereingang herein und nehme sie in Empfang.

»Gnädiger Herr«, fangen sie ganz förmlich an. Ich nicke ihnen zu.

»Hier sind wir wieder, und wir haben unseren Bruder mitgebracht, zum Beweis für unsere Ehrlichkeit«, ergreift Ruben das Wort.

»Und ... ja ... es ist etwas passiert, wahrscheinlich ein Irrtum«, fügt Juda ängstlich hinzu. »All unser Geld, mit dem wir das vorige Mal das Getreide bezahlt hatten, ist aus Versehen wieder in die Säcke gelangt. Hier! Alles Silber, das eigentlich nicht mehr uns gehören sollte. Wir haben es wieder mitgebracht!«

Aha, meine Brüder sind ehrlich geworden, denke ich mir heimlich und grinse in mich hinein.

Und Benjamin sagt eifrig: »Außerdem haben wir Geschenke dabei. Nüsse, Honig, Weihrauchharz und Mandeln.«

Alle halten inne und starren mich an. Erkennen sie mich etwa?

Schnell wende ich mich ab und sage: »Ich danke herzlich für die Gaben. Über das Geld in euren Säcken braucht ihr euch keine Gedanken zu machen, das muss euch Gott hineingesteckt haben. Hier wurde nichts vermisst. Also, seid unbesorgt und esst mit mir.«

Aus den Augenwinkeln sehe ich, wie sie sich erleichtert anschauen. Ich lasse Simeon aus dem Kerker holen. Alle begrüßen einander fröhlich und umarmen sich und setzen sich dann mit großen Augen an meinen Tisch. Wann haben sie wohl zum letzten Mal so viel zu essen gesehen? Stolz blicke ich auf die getrockneten Feigen, die Datteln, den Lammbraten, die Bohnen, den Schafskäse und den Wein.

»Lasst es euch schmecken«, rufe ich, und das lassen sich meine Brüder nicht zweimal sagen. Doch ich merke, dass sie einander immer wieder unsicher ansehen, weil sie nicht wissen, warum sie hier bei mir so üppig bewirtet werden.

»Und wie geht es eurem Vater daheim?«, frage ich unauffällig und schaue konzentriert auf meinen Teller.

»Es geht ihm gut«, sagt Ruben. »Er ist aber schon alt. Deswegen wollte er uns nicht ziehen lassen. Und unseren Bruder Benjamin wollte er auch nicht mitgehen lassen. Ihr müsst wissen, mein Herr, er hat schon seinen Lieblingssohn verloren. Und bis heute weint er heimlich darüber.« Ruben hält inne und isst gedankenverloren weiter.

Ich muss mich abwenden. Mir schießen die Tränen in die Augen. Hat niemand etwas gemerkt? Nein, alle haben nur Augen für das reiche Essen.

Soll ich mich jetzt zu erkennen geben?

»Ist sein Lieblingssohn jener merkwürdige zwölfte Sohn, von dem ihr gesagt habt, dass er einfach nicht mehr da ist?«, frage ich.

»Er wurde von wilden Tieren gefressen«, sagt Ruben zögerlich.

Was? Warte nur! Ich merke, wie ich wieder wütend werde. Nein, heute sage ich noch nichts. Ich kann nicht.

Stattdessen gehe ich zu meinem Diener und sage ihm, er soll die Säcke meiner Brüder wieder bis oben hin mit Getreide füllen. Und in Benjamins Sack soll er meinen silbernen Becher legen.

Am nächsten Morgen ziehen meine Brüder mit ihren gefüllten Säcken los. Lange verabschieden sie sich von mir, dem ägyptischen

Hausherrn Zofnat-Paneach, dann verschwinden sie mit ihren Eseln in der Ferne.

Nach einiger Zeit befehle ich meinen Leuten, mit mir zu kommen. Schnell! Hinterher!

»Halt!«, rufe ich schon von fern, als wir meine Brüder sehen können. »Stehen geblieben!«

Meine Brüder gehorchen und schauen mich verwundert an.

»Warum vergeltet ihr Gutes mit Bösem?«, frage ich mit strenger Stimme. »Warum habt ihr meinen silbernen Becher gestohlen?«

»Was sollen wir bitteschön getan haben?«, fragt Juda ungläubig zurück. »Wir haben doch alles Geld, das wir in unseren Kornsäcken gefunden haben, wieder nach Ägypten gebracht. Zu dir, mein Herr. Warum sollten wir jetzt einen silbernen Becher stehlen?«

»Wollen sehen, wollen sehen«, sagt da mein Diener. Ich selbst bleibe stumm. »Bei wem der Becher gefunden wird, der soll zum Sklaven meines Herrn werden. Einverstanden?«

Meine Brüder nicken bedrückt.

Meine Leute machen sich eifrig daran, die Säcke auf den Eseln meiner Brüder zu durchsuchen. Bei Ruben fangen sie an. Dann kommt Simeon an die Reihe, und dann kommen Levi, Juda, Dan, Naftali, Gad, Ascher, Issachar und Sebulon. Nirgends ist der Becher, und die Brüder nicken sich schon erleichtert zu. Bleibt nur noch Benjamin.

»Da, seht!«, ruft mein Diener. »Hier, der Kleinste von euch ist der größte Dieb und hat den silbernen Becher meines Herrn gestohlen!«

Es ist ganz still geworden.

Da! Jeder kann es sehen. In der Hand meines Dieners liegt ein silberner Becher.

»Was habt ihr zu eurer Verteidigung zu sagen?«, frage ich streng.

»Nichts«, sagt Ruben und senkt den Blick.

»Dann machen wir es so, wie wir es ausgemacht haben. Der Kleinste hier, Benjamin, bleibt bei mir als mein Sklave.«

Da ruft Ruben laut: »Nein, das kann nicht sein. Ich habe unserem alten Vater versprochen, dass sein lieber Sohn Benjamin, der Kleinste unserer Familie, wieder heil und lebendig nach Hause kommt. Schon unser Bruder Josef ist verschwunden und unser Vater kann nicht anders von ihm denken, als dass ihn ein wildes Tier zerrissen hat. Wir ... haben ... ihn nicht gut behandelt. Wir haben ihn, na ja, wir haben ihn nicht beschützt. Aber noch einmal will ich keinen meiner Brüder im Stich lassen! Nimm nicht Benjamin! Wenn er nicht mehr nach Hause kommt, bricht das unserem Vater das Herz! Nimm mich an seiner Stelle! Nimm mich, strenger Herr aus Ägypten, mach mich zu deinem Sklaven, aber lass Benjamin nach Hause zurückkehren.«

Da kann ich nicht mehr an mich halten und rufe laut: »Mein Vater lebt noch und vermisst mich immer noch?«

Niemand antwortet. Alle starren mich an. Erkennen sie mich denn immer noch nicht?

»Ich bin es!«

Da blinzeln sie.

»Ich bin der Bruder, der verschwunden ist, weil ihr nicht zu ihm gehalten habt.«

Ruben öffnet den Mund, sagt aber nichts.

»Ich bin Josef, der Träumer, den ihr nach Ägypten verkauft habt! Ich! Schaut mich an!«

Benjamin ruft: »Josef!«

»Habt keine Angst vor mir! Ich bin euch nicht mehr böse! Jetzt nicht mehr! Seht her, wie alles gut geworden ist! Gott hat mich in das Land Ägypten gehen lassen, und jetzt kann ich euch zu essen geben und ihr müsst nicht verhungern. Gott hat mich über das Haus Ägypten gesetzt und zu einem großen Mann werden lassen und alles zum Guten gewendet! Ich habe euch nicht vergessen und ich habe euch verziehen!«

Und da kommen alle auf mich zu, Benjamin zuerst, dann Ruben, danach Juda und Sebulon, und Simeon, Gad und Levi, Dan und Naftali, Ascher und Issachar.

»Ihr könnt alle hier in Ägypten wohnen, und unser Vater und seine Leute auch!«

Ich umarme Benjamin und muss weinen, und Benjamin muss auch weinen, und alle müssen weinen, weil es so traurig ist, dass unsere gemeinsame Geschichte nicht besser gelaufen ist, und weil es so schön ist, dass wir nun alles anders machen können, und weil das Leben so merkwürdig herzzerreißend einmalig ist.

Der lange Weg in die Freiheit

★ ★ ★

Eine Geschichte von Mirjam und Mose

Die List

Ich bin's. Mirjam.

Ich wohne in dem kleinen gelben Haus mit dem Strohdach, unten am Fluss. Das heißt, bis heute habe ich in diesem kleinen gelben Haus gewohnt.

Aber ich muss von vorne anfangen zu erzählen. Also, das kleine gelbe Haus könnt ihr sehen, wenn ihr die Straße hinunter zum Nil geht und um den Palmenhain herum. Nachts quaken hier die Frösche am lautesten, tags lagern hier die Reiher und Gänse, und wenn ein Wind übers Land fährt, raschelt's im Schilf. Und immer kann man den Fluss riechen. Modrig und faulig riecht er, der Fluss. Aber er hat meinem Bruder das Leben gerettet, nur dass ihr's wisst! Und deswegen liebe ich diesen Fluss.

Wir, also meine Familie und ich, wir wohnen zwar in Ägypten, aber wir sind Hebräer. Das wäre natürlich eigentlich egal, denn jeder Mensch hat schließlich seinen Platz auf dieser Erde. Und ich kann genauso gut ägyptisch sprechen wie unsere ägyptischen Nachbarn, und meine Mutter und mein Vater und meine Brüder können es ganz genauso. Wir tragen dieselben Kleider wie die Ägypter und

nachts träumen wir genauso von wilden Krokodilen und Pyramiden oder von süßen Feigen. Denn wir leben schon seit langem in Ägypten. Lange bevor ich auf die Welt gekommen bin, sind meine Urgroßväter und meine Urgroßmütter in dieses Land gekommen und haben hier ihre Häuser gebaut und Kinder bekommen. Und deshalb ist eben jetzt Ägypten unsere Heimat.

Aber die Ägypter wollen nichts davon wissen, und sie mögen uns Hebräer nicht. Manchmal glaube ich, sie fürchten sich sogar vor uns. Die Ägypterkinder dürfen nicht mit uns spielen und wir nicht mit ihnen. Und die großen Leute schauen einander misstrauisch an, wenn sie sich begegnen, und wenn sie aneinander vorbeigegangen sind, spucken sie aus und schimpfen vor sich hin. Die Ägypter lassen unsere Väter und Mütter hart für sich arbeiten, während sie selbst reich und immer reicher werden. Ob sie selbst dabei glücklich sind, weiß ich nicht.

Aber ich wollte ja eigentlich erzählen, wie der Fluss meinem Bruder das Leben gerettet hat. Als ich klein war, kam der Pharao – so nennen die Ägypter ihren König – auf eine schreckliche Idee. »Die Hebräer werden frech und immer frecher«, dachte er wohl bei sich, »und sie werden mehr und immer mehr und wohnen in meinem Land!« Und weil er der Pharao war, konnte er einfach so bestimmen, dass ab jetzt in den Hebräerfamilien keine Jungen mehr großgezogen werden durften. Nur noch Mädchen. Denkt euch! Den ägyptischen Hebammen und Ärzten hatte der Pharao befohlen, alle hebräischen Jungen, die unter ihrer Fürsorge auf die Welt gebracht wurden, sofort zu töten! Zum Glück spielten viele Hebammen nicht mit und logen die Aufpasser einfach an.

Als das Gesetz erlassen wurde, war meine Mutter gerade schwanger mit meinem Bruder. Ich erinnere mich noch gut an ihren dicken Bauch und an ihre tiefen Sorgenfalten. Natürlich konnte sie noch nicht wissen, dass in ihrem Bauch ein Junge steckte, aber die Wahrscheinlichkeit war groß. Man konnte sogar sagen, halbe-halbe, wie immer. Und wenn eine Mutter zur Hälfte fürchten muss, dass irgendwelche hartherzigen Ägypter kommen und ihr Kind totschlagen, dann ist es nur natürlich, dass sie tiefe Sorgenfalten im Gesicht bekommt. Auf jeden Fall kam es dann genau so, wie meine Mutter es befürchtet hatte: Sie bekam meinen Bruder, und der ist eben ein Junge.

Zum Glück hatte das keiner von Pharaos Leuten bemerkt. Denn hier unten bei unserem gelben Haus am Nil wohnen keine Ägypter, es ist zu sumpfig und feucht.

»Mein kleines Geheimnis«, sagte meine Mutter immer, wenn sie meinen Bruder auf den Arm nahm. Nur abends ging sie mit ihm nach draußen, ansonsten versteckte sie ihn im Haus. Aber das ging natürlich nicht lang gut, denn kleine Kinder, egal ob sie Mädchen oder Jungen sind, schreien viel. Und wenn Pharaos Leute durch die Stadt marschierten um zu sehen, ob denn auch alle Gesetze befolgt würden, war die Gefahr sehr groß, entdeckt zu werden. Ein Monat verging, noch einer und dann noch einer, dann wurde mein kleiner Bruder zu groß, und meine Mutter hatte Angst ihn noch länger bei sich zu verstecken.

»Wir müssen ihn weggeben«, sagte sie und weinte dabei. »Am besten wäre es, er könnte als Ägypterkind aufwachsen, denn es steht ja nicht auf seiner Nasenspitze, ob er hebräisch oder ägyptisch ist!«

Und damit ihn vielleicht eine freundliche ägyptische Familie finden könnte, bastelten wir ein Körbchen aus dem Schilf, das hinter dem Haus wuchs. Wir dichteten das Schilfkörbchen gut ab, damit es auch schwimmen konnte, und legten meinen kleinen Bruder hinein.

»Jetzt hat er ein kleines Rettungsboot«, schniefte meine Mutter, und mein Vater stand dabei und auch ihm liefen die Tränen hinunter und mir liefen auch die Tränen hinunter und alles war sehr traurig.

»Beten wir, dass ihn sein kleines Boot zu einer Ägypterfamilie mit gutem Herzen bringt«, schniefte meine Mutter weiter, und dann schlichen wir uns zum Fluss und setzten das Schilfkörbchen mit meinem kleinen Bruder darin aufs Wasser. Mein kleiner Bruder sah uns mit großen Augen an und begriff natürlich nicht, was mit ihm geschah.

Und schon hatte der Fluss das Schilfkörbchen mit sich genommen und schaukelte es sanft auf seinen Wellen. Ich erinnere mich noch genau, wie ich am Ufer stand und dem kleinen Boot hinterhersah! Wie klein war das Körbchen, wie groß und bedrohlich war plötzlich der Fluss.

Ich lief am Ufer hinterher, um zu sehen, was mit meinem Bruder passieren würde. Erst dachte ich, die Strömung würde das Körbchen mit meinem Bruder schnell weit fort führen – dann hätte ich es bald aus den Augen verloren. Aber zum Glück schaukelten es die Wellen wieder ans Ufer, in die sandige Bucht, in der die Ägypter gerne baden gehen. Auch an diesem Tag waren viele Ägypter dort. Ich spähte durchs Gras und konnte mehrere junge ägyptische Frauen am Strand spielen sehen. Eine erkannte ich sogar! Das war ja die Tochter des Pharaos höchstpersönlich!

»Bitte schrei jetzt«, dachte ich ganz fest, »dann hört dich vielleicht eine von diesen Ägypterinnen und nimmt dich auf!«

Und in diesem Moment begann mein kleiner Bruder zu schreien. Ihr könnt euch nicht vorstellen, was die Tochter des Pharaos für ein Gesicht gemacht hat, als plötzlich vor ihren Augen ein kleines schreiendes Schilfkörbchen herbeigetrieben kam! Erst fiel sie vor Schreck beinahe ins Wasser, dann aber watete sie neugierig näher.

»Oh, schaut nur, wie süß!«, rief sie ihre Freundinnen. »In diesem Körbchen liegt ja ein kleines Kind!«

Und auch ihre Freundinnen planschten heran und machten »Duziduzi« oder »Dullidulli« und beugten sich über das Körbchen

und strichen meinem Bruder übers Haar oder stupsten ihn auf die Nase. Aber mein kleiner Bruder ließ sich nicht beruhigen und schrie weiter. Kein Wunder, bei so vielen fremden stupsenden ägyptischen Pharaostochterfreundinnen!

»Ist es ein Junge oder ein Mädchen?«, fragte eine der Freundinnen, und die Tochter des Pharaos antwortete: »Ein Junge – oh, wie herzig ist er!«

»Aber er schreit«, stellte eine andere Freundin fest.

»Vielleicht hat er Hunger«, meinte die Pharaostochter.

»Was willst du ihm denn zu essen geben? Unsere Orangen und Feigen kann er sicher noch nicht beißen!«, meinte ihre Freundin. »Er hat ja noch keinen einzigen Zahn!«

»Natürlich nicht, schau doch, wie klein er noch ist! Er braucht jemanden, der ihm die Brust geben und ihn stillen kann«, stellte die Pharaostochter fest.

Da hatte ich eine Idee. Ich sprang auf und lief hinüber zur Badebucht.

»Was habt ihr da?«, fragte ich und versuchte, ein möglichst neugieriges Gesicht zu machen.

»Einen kleinen Säugling«, antwortete die Pharaostochter. »Schau nur, er kam in einem Schilfkörbchen herbeigefahren. Jemand muss ihn ausgesetzt haben.«

»Oh«, sagte ich und tat ganz mitleidig. »Und was soll jetzt mit ihm geschehen?«

»Wenn wir das wüssten!«, sagte die Pharaostochter und sah sich unschlüssig um. »Wir bräuchten eine Mutter, die sowieso gerade ein kleines Kind zu Hause hat und noch stillt und diesen kleinen Fratz mit großzieht.«

Ich holte tief Luft. »Ich könnte meine Mutter fragen«, sagte ich.

Überrascht sah mich die Pharaostochter an. »Deine Mutter?«

»Ja«, sagte ich, »sie darf ja selbst keinen Jungen großziehen, sie ist ja Hebräerin, aber dieses Kind sieht ja aus wie ein kleiner Ägypter! Wenn dir an dem kleinen Fratz hier etwas liegt und dir damit geholfen wäre, dann würde ich meine Mutter mal fragen, ob sie ihn nimmt.«

Erst zögerte die Pharaostochter ein bisschen, und ich bekam schon Angst, dass sie meinen Trick durchschauen könnte. Aber dann nickte sie und sagte Ja. Und so kam es, dass mein Bruder von der Pharaostochter adoptiert wurde, aber doch bei unserer Familie groß werden durfte. Mein Bruder heißt übrigens Mose, und ich glaube, diesen Namen hat er von der Pharaostochter bekommen, denn er klingt so ägyptisch. Natürlich weiß Mose, dass er kein

Ägypter ist, sondern in unsere Familie gehört, aber das ist unser Geheimnis.

Jetzt ist die ganze Geschichte natürlich schon lange her, und mein Bruder ist längst groß geworden. Eines Tages musste er sogar aus Ägypten fliehen. Es war nämlich so, dass mein Bruder Mose einen Ägypter erschlagen hatte, sozusagen aus Versehen, und deswegen musste er fliehen. Denn eines Tages hatte er mit ansehen müssen, wie Ägypter auf Hebräer einschlugen. Einfach nur deshalb, weil sie Hebräer waren! Und da konnte sich Mose nicht mehr zurückhalten und wurde so wütend, dass ihm pechschwarz wurde vor Augen, so hat er es zumindest erzählt. Und bevor einer Halt rufen konnte, hatte er einen von den Ägyptern erschlagen. Da musste er fliehen, und wir wussten lange nichts von ihm. Aber heute Nacht ist er heimlich zurückgekehrt, und deswegen erzähle ich das alles. Mose ist wieder da!

Der Plan

»Ich habe große Neuigkeiten«, sagt Mose. Wir sitzen alle um den Tisch in unserer Küche, und nur eine kleine Kerze flackert aufgeregt und wirft lange Schatten an die Wand. Mein Vater ist da, meine Mutter ist da, mein Bruder Aaron ist da und ich bin da. Und Mose natürlich, und auf den schauen alle.

»Die Sklaverei hat ein Ende!«, ruft Mose laut, und wir anderen machen alle erschrocken »Schscht!«, als wir das hören. Denn was wäre, wenn draußen vor unserem gelben Haus gerade eine Schar von Pharaos Leuten durch die Straße marschiert und solche aufrührerischen Dinge hört! Dann säßen wir alle sofort im Gefängnis!

»Wir hauen ab«, sagt Mose, etwas leiser jetzt und blitzt uns an. »Wir lassen es uns einfach nicht mehr gefallen, wie die Ägypter uns behandeln! Gott führt uns!«

»Was redest du da?«, fragt mein Vater, und seine Stimme klingt besorgt. »Bist du sicher, dass du nicht ein bisschen zu viel in der Sonne warst? Wohin sollten wir denn gehen? Hier in Ägypten haben wir zu essen und zu trinken. Was wollen wir mehr?«

»Was wollen wir mehr?«, fragt Mose da, und ein erstauntes Lächeln steht ihm im Gesicht. »Leben wollen wir.«

»Aber wir leben doch ganz gut hier«, sagt mein Vater und blickt ihn müde unter seinen buschigen Augenbrauen an.

»Ganz gut?« Mose schweigt einen Moment. Dann sagt er: »Zeig mal deine Hände, Vater!«

Langsam streckt mein Vater seine rechte Hand auf den Tisch. Rau und aufgerissen ist sie, und unter den Nägeln klebt dunkles Blut.

»Schau sie dir an, deine Hand«, sagt Mose da. »Die Ägypter zwingen uns dazu, Steine zu klopfen und Ziegel zu brennen und für sie Paläste und Villen zu bauen, bis wir umfallen! Wir schleppen ihren Müll weg, wir müssen ihnen unsere mühsam geernteten Früchte für einen Spottpreis abgeben, wir schuften und schuften, bis uns die Hände aufplatzen! Für sie plagen wir uns ab, nicht für uns! Und wir selbst hausen hier unten am sumpfigen Fluss.«

Mein Vater schweigt, und ich glaube, er sieht zum ersten Mal seit langer Zeit, wie kaputtgearbeitet seine Hände sind. Sein Leben lang hat er für andere geschuftet, er kennt es nicht anders, fährt es mir durch den Kopf.

»Und was ist mit dir, Aaron?«, fragt Mose. »Zeig mal deinen Rücken!«

Unsicher sieht uns Aaron an, dann dreht er sich um und hebt sein Hemd in die Höhe. »Ist doch nicht so schlimm«, meint er. Aber wir alle erschrecken. Sein Rücken ist voller tiefer roter Striemen, manche sind noch blutig.

»Pharaos Leute schlagen mich immer«, sagt Aaron entschuldigend.

»Und warum?«, fragt Mose ruhig.

»Weil ... nun, wenn sie schlecht gelaunt sind. Wenn ich nicht sofort tue, was sie wollen. Das dürfen sie ja auch, nach ägyptischem Gesetz«, fügt Aaron hinzu.

»Und das nennt ihr Leben?«, ruft Mose. »Wir leben wie die Tiere!« Wieder machen wir alle »Schscht!« und schauen uns erschrocken um.

»Seht ihr! Wir haben Angst, wenn es raschelt, denn es könnte ja ein Ägypter sein, und der darf mit uns machen, was er will! Wir arbeiten, bis wir umfallen und sterben. Wir dürfen unsere Kinder nicht aufziehen wie wir es wollen. Wir dürfen nicht unsere Spiele spielen und unsere Lieder singen und unsere eigenen Träume haben! Wir sind in deren Augen gar keine richtigen Menschen! Wir sind Gefangene! Und damit ist jetzt Schluss! Gott will uns aus dem Sklavenhaus Ägypten führen, hinaus in ein Land, in dem Milch und

Honig fließen, und wir die Milch und den Honig auch selbst« – er betont das selbst – »essen dürfen!«

»Junge, woher willst du denn wissen, was Gott vorhat?«, fragt unsere Mutter beunruhigt.

»Er hat es mir gesagt!« Mose starrt in die Runde, über die flackernde Kerze hinweg. Allen stockt der Atem.

»Ich war in der Wüste«, sagt er leise und sein Blick wendet sich weit weg. »Da sehe ich, wie ein Dornbusch brennt und brennt, ohne zu verbrennen. Also gehe ich näher hin, um mir das Wunder anzusehen. Da höre ich eine Stimme: ›Mose!‹, sagt die Stimme aus dem brennenden Dornbusch und ich sage zitternd: ›Hier bin ich!‹ – ›Zieh die Schuhe aus‹, höre ich die Stimme, ›denn der Boden, auf dem du gehst, ist heilig!‹ – ›Wer bist du?‹, frage ich und schaue mich um. – ›Ich bin der Gott Abrahams, Isaaks und Jakobs, und ich bin auch dein Gott! Fürchte dich nicht! Ich habe gesehen, wie mein Volk in Ägypten unterdrückt wird, gepeinigt bis aufs Blut! Das Schreien der Söhne und Töchter Israels ist vor mich gekommen und ich schicke dich nun zum Pharao! Mose, führe mein Volk aus Ägypten!‹ – Und als ich das höre, fühle ich mich ganz und gar leer, und ich weiß nicht, wie ich das alles anstellen soll, was Gott von mir fordert. Darum sage ich: ›Meine eigenen Leute werden mir nicht glauben. Alle werden fragen: Was ist das für ein Gott, den du aus einem brennenden Dornbusch gehört hast? Was soll ich dann sagen?‹ – Und die Stimme Gottes antwortet: ›Ich bin, der ich bin! Ich werde sein, der ich sein werde! Geh hin zu den Söhnen und Töchtern Israels und sage, ICH BIN DA schickt mich zu euch! ER schickt mich zu euch!‹«

Als Mose innehält, sagt keiner ein Wort.

Dann sieht ihn unser Vater plötzlich an und ein Leuchten ist in seinen Augen.

»Ich glaube dir, mein Sohn«, sagt er, »du erscheinst mir ganz und gar verändert! Wie jemand, der mit Gott gesprochen hat und einen Auftrag erfüllen muss.«

Und es stimmt, auch ich denke, ja, mein Bruder ist ganz anders geworden. Ein bisschen ungeheuer ist er mir aber auch.

»Aber Pharaos Leute sind stark und schrecken vor nichts zurück«, sagt unsere Mutter leise. »Meinst du, sie werden uns jetzt mir nichts, dir nichts gehen lassen? Uns, ihre Sklaven? Sie werden doch so viel Grips im Hirn haben, dass ihnen auffällt, dass sie ihre Drecksarbeit dann in Zukunft selbst erledigen müssen!«

»Wartet nur, wartet nur«, sagt Mose da und lächelt uns an, einen nach dem anderen. »Ich habe einen Auftrag von Gott, und den werde ich auch ausführen. Morgen gehe ich zum Pharao – und du, Aaron, du gehst mit!«

Aaron erstarrt.

»Und wenn sie dich erkennen, Mose?«, fragt er. »Du bist im Ägypterland ein Mörder!«

»Das müssen wir riskieren«, sagt Mose.

Aaron schweigt und ich kann sehen, dass er am liebsten weit weg sein würde.

»Ich wollte auch erst nicht«, erzählt Mose dann. »Und ich habe es Gott auch gesagt! Ich habe ihm gesagt, dass ich nicht gut reden kann und dass er sich doch auch jemand anders aussuchen kann. Aber er will, dass ich gehe, und du gehst mit! Ich brauche dich! Du weißt doch, wenn ich mit Ägyptern rede, dann, dann, naja, dann muss ich stottern. Weißt du doch!«

Peinlich berührt schaut er auf seine Hände. »Statt zu reden, schlage ich zu«, höre ich ihn murmeln, dann packt er Aaron am Arm. »Du wirst mit mir gehen und für mich sprechen!«

So fest und stark sagt er das, dass niemand dagegen sein kann, auch Aaron nicht.

Vor dem Pharao

Am nächsten Tag wache ich auf, noch bevor die Sonne aufgegangen ist, und kann nicht mehr einschlafen. Draußen liegt noch der Nebel über dem Schilf. Mose ist hier, muss ich denken, und er führt uns mit Gottes Hilfe in die Freiheit! Freiheit! Wie das klingt! Wie sich ein Leben in Freiheit wohl anfühlt? Ich merke, dass ich mir darunter gar nichts vorstellen kann.

Ob ich mit zum Pharao kann? Ja, ich muss mit, ich muss Mose und Aaron beistehen! Aufgeregt springe ich aus dem Bett und gehe in die Küche. Da sitzen Mose und Aaron schon und reden leise miteinander. Als sie mich sehen, hören sie mitten im Satz auf zu sprechen und lächeln mir zu. Mose fragt: »Na, meine Schwester? Fühlst du schon die Freiheit?«

Ich muss lachen, weil ich sein aufgeregtes Gesicht sehe, und ich sage: »Ja, wenn ich dich sehe, dann fühle ich sie schon ein bisschen.«

Mose und Aaron nicken sich zu und beide stehen auf.

»Wir gehen!«, sagt Mose. »Jetzt gehen wir zum Pharao!«

»Ich begleite euch!«, sage ich und schaue von einem zum anderen.

»Nein«, sagt Mose nach einer kurzen Pause, »das ist zu gefährlich! Bleib hier und beruhige unsere Mutter!«

»Aber ...«, will ich sagen, doch Mose und Aaron haben sich schon abgewendet, versunken in ihre eigenen Gedanken. Mose nimmt seinen Stab und beide verschwinden eilig durch die Haustür hinaus in den Morgen.

»Na warte«, sage ich laut.

»Was heißt hier ›Na warte‹?«, fragt meine Mutter, die eben zur Tür hereinkommt.

»Ich – nichts, nichts«, murmle ich erschrocken. Und bevor sie etwas sagen kann, bin auch ich durch die Haustür hinausgeschlüpft.

Vorne bei den Palmen kann ich Mose und Aaron noch erkennen. Durch den Morgennebel schreiten sie kräftig aus. Vorsichtig laufe ich ihnen hinterher, immer nahe am Schilf. Einmal dreht sich Aaron um. Doch er sieht mich nicht, wie ich zwischen den nebelnassen Rohrbüscheln stehe. Weiter!

Oben in der Stadt kehren dunkle Gestalten gerade die Straßen, Fensterläden werden mit lautem Geklapper aufgestoßen, Kinder schreien, Hähne krähen. Der Nebel wabert durch die kleinen Gassen, und zweimal denke ich schon, ich hätte Mose und Aaron aus dem Blick verloren. Doch da tauchen sie auf der anderen Seite der Straße wieder auf. Mich bemerken sie nicht!

Weiter oben in der Stadt liegt der Palast des Pharaos groß und gewaltig vor uns, und ich sehe, wie meine beiden Brüder kurz innehalten und den Blick über die hohen Mauern wandern lassen. Dann geben sie sich einen Ruck und verschwinden durch das große Tor. Ich beeile mich und laufe hinterher.

Als ich um die Ecke biege, stoße ich beinah mit Aaron zusammen. Doch er bemerkt mich nicht, denn er redet gerade laut mit zwei von Pharaos Leuten. »Ja, es ist sehr wichtig!«, höre ich ihn sagen, und Mose steht dabei und nickt grimmig.

Wenn Pharaos Leute ihn jetzt erkennen, dann stecken sie ihn ins Gefängnis, denke ich. Aber sie erkennen ihn nicht.

»Gut«, sagt einer von den Wachposten, »wir führen euch zu ihm.«

Alle drehen sich um, um durch das Tor hinein in die Burg zu gehen, und ich kann unbemerkt durchs Tor schlüpfen. Rechts und links ruhen zwei steinerne Löwen

und bewachen stumm die Burg. Die Wachen haben Mose und Aaron in die Mitte genommen. Es geht zwei Treppen hinauf und durch drei Höfe hindurch. An den Türpfosten blicken mich mit dunklen Augen drei große Schlangen an. Erst erschrecke ich, doch dann sehe ich, dass auch sie aus Stein gehauen sind. Als ich wieder aufschaue, bekomme ich gerade noch mit, wie die beiden Wachen mit Mose und Aaron eine große, dunkel beschlagene Tür öffnen ...

Da packt mich von hinten eine Hand und jemand ruft: »Wen haben wir denn da? Eine Hebräerin?«

Erschrocken wende ich mich um. Neben mir grinst mich ein dicker Wachposten blöde an, und ich kann seinen Atem riechen. Er riecht nach altem Fisch.

»Willst uns wohl auch noch bestehlen, he? Ist wohl noch nicht genug, dass du in unserer Stadt wohnen darfst, was? Aber da hast du dich verrechnet!«

Wie gebannt schaue ich in seine schmalen Augen. – »Nein!«, rufe ich. »Ich bin keine Diebin!«

»Lass sie los«, höre ich plötzlich eine Stimme, die ich kenne. Es ist Mose.

»Gehört sie etwa zu dir?«, fragt einer der beiden Wachposten, die mit Mose und Aaron gehen.

Mose nickt. »Ja«, sagt er, »sie gehört zu uns.«

»Dann lass sie los«, ruft der Mann meinem dicken, stinkenden Bewacher zu. Prompt lässt er mich los, und ich stolpere zu Mose und Aaron. Nie war ich Mose so dankbar.

»Beeilung«, sagt der Ägypter jetzt ungeduldig, »der Pharao hat nicht ewig Zeit.«

Und wir treten durch die dunkel beschlagene Tür in einen großen Raum, der ganz und gar mit schwerem Holz ausgetäfelt ist. Ein angenehmer Rosenduft liegt in der Luft. Ganz hinten auf einem erhöhten Sitz wartet jemand. Erst denke ich, es ist wieder ein versteinerter Löwe. Aber dann sehe ich: Es ist ein Mensch. Und er hebt den Kopf und starrt uns an.

Es ist der Pharao.

Mose und Aaron treten vor. Es ist ganz still.

»So spricht Gott der Herr«, sagt Mose und Aaron fährt fort: »Lass mein Volk ziehen!«

Der Pharao schweigt und blickt meine Brüder erstaunt an.

»Wer ist denn Gott der Herr«, fragt er dann leise, »dass ich ihm gehorchen müsste und die Hebräer ziehen lassen?«

»Gott ist DER DA IST«, antwortet Mose.

Stille liegt über dem dunklen Raum.

»Faul seid ihr und ungehorsam«, sagt der Pharao da leise, aber bestimmt, und seine Stimme klingt wie das Wispern in den Blättern der Bäume. »Ich glaube, ich habe euch zu viele Freiheiten gegeben. Was, wenn ihr ab heute doppelt so viel arbeiten müsst? Wie fände das euer Gott?«

»So spricht Gott der Herr«, sagen Mose und Aaron da noch einmal. »Lass mein Volk ziehen!«

Der Pharao zuckt zusammen. Widerspruch ist er wohl nicht gewohnt.

»Gib mir einen Beweis«, sagt er schließlich. »Einen Gottesbeweis! Soll dein Gott für dich ein Wunder tun, damit ich dir glauben kann!«

Es ist, als hätte Mose nur darauf gewartet, denn er nickt sofort. Und Aaron sagt: »Komm mit, Pharao, komm zum Fluss, dann wirst du dein Wunder erleben und lässt uns frei ziehen!«

Da steht der Pharao mit einem Ruck auf und geht auf uns zu.

»Na los«, sagt er. Groß und unnahbar steht er vor uns. »Zeigt mir das Wunder!«

Wenn unsere Eltern uns jetzt sehen könnten! Die Menschen rechts und links in den Straßen drehen die Köpfe, als sie unsere merkwürdige Prozession durch die Stadt kommen sehen. Aaron und Mose gehen mutig voran, dann kommt der Pharao mit seinen Wachen und seinen Beratern. Und dazwischen bin auch ich! Schon liegt dunkel der Fluss vor uns. Noch immer schwebt ein dünner Nebel über den Wassern. Mir wird unheimlich. Und welches Wunder wollen Mose und Aaron tun? Zaubern, das weiß ich sicher, können sie leider nicht.

Der Pharao macht mit der Hand ein Zeichen, und alle bleiben stehen.

Da streckt Mose die Hand mit seinem Stab in die Höhe. »Das ist dein Beweis und dein Wunder, Pharao. Gott der Herr schlägt das Land! Und alles Wasser im Fluss und in den Kanälen und Quellen wird zu Blut werden!«

Ich halte die Luft an – was sagt Mose da! Und was macht er! Da, er schlägt mit seinem Stab auf den Fluss! Und dort, wo bis vor einer Sekunde das Wasser dunkel im Nebel lag, dort färbt sich alles blutrot! Ein Raunen geht durch die Menge und manche schreien. Es ist, wie Mose gesagt hat! Wie Blut liegt das Wasser im Fluss, und schon treiben tote Fische an die Oberfläche!

Da dreht sich der Pharao zum Gehen!

»Niemals!«, höre ich ihn schreien. »Niemals lasse ich euch frei ziehen! Soll doch das Wasser zu Blut werden! Ich werde nicht darin ertrinken!«

Und weil der Pharao geht, gehen auch alle seine Wachen und die Berater und die Weisen des Landes. Mose und Aaron und ich bleiben allein zurück.

»Und jetzt?«, frage ich.

»Jetzt warten wir eine Woche«, sagt Mose.

Der Todesengel

Ich weiß, es klingt wie ein Märchen, und vielleicht sind wir auch Mitspieler in einem Märchen. Oder das Leben ist manchmal einfach so. Auf jeden Fall gingen Mose und Aaron nach einer Woche wieder zum Pharao und Mose streckte seinen Stab aus und Gott schickte eine furchtbare Froschplage über das Land. Auf den Dächern, auf den Straßen, in den Kochtöpfen und sogar in den Betten saßen die Frösche! Es war furchtbar.

Da ließ der Pharao Mose rufen, denkt euch! Und er versprach ihm, dass er uns ziehen lassen wird, wenn Gott die Frösche verschwinden lässt! Und da ließ Gott die Frösche sterben, und wir kehrten sie zusammen und verbrannten sie auf großen Haufen. Als sich aber der Rauch verzogen hatte und der Pharao wieder Luft bekam, wollte er sich nicht an sein Versprechen erinnern!

Und so ging es Woche für Woche! Gott schickte noch weitere Plagen über das Land, und alle, Mensch und Tier, stöhnten schwer. Mücken schickte Gott und Fliegen, eine Pest für alle Pferde, Esel und Kamele, er schickte uns die Pocken, dass alle davon krank wur-

den, und Hagel, der Häuser und Bäume zerschlug. Danach kamen Heuschrecken, die die Felder kahl fraßen, und schließlich wurde es dunkel, drei Tage lang. Und immer noch wollte der Pharao uns nicht ziehen lassen!

Heute gingen Mose und Aaron noch ein letztes Mal zum Pharao und sagten zu ihm: »So spricht Gott der Herr: In der Mitte der Nacht ziehe ich durch Ägypten! Dann stirbt jeder Erstling des Landes! Alle ältesten Kinder in jedem Haus sollen sterben! In den Palästen genauso wie in den ärmsten Hütten! Und dann wird sich ein Schrei über das Land erheben, wie noch keiner vorher gehört wurde!«

Und zu uns Hebräern sagte Mose, als er mit Aaron vom Pharao kam: »Jede Familie nehme ein Schaf und schlachte es! Dann nehmt ihr einen Büschel mit Ysopkraut und bestreicht eure Türpfosten mit dem Blut des Tieres! Denn Gott der Herr wird in der Mitte der Nacht durch die Stadt ziehen und den Häusern der Ägypter Tod bringen. Wenn er aber das Blut an unseren Türpfosten sieht, wird er an der Tür vorübergehen! Eilt euch, es geht um euer Leben!«

Wie ungeheuer ist das alles! In allen Gesichtern steht die Angst, aber auch die Hoffnung eingeschrieben! Wenn das die letzte Plage des Landes wäre! Wenn Gott uns verschonte und der Pharao uns frei ziehen ließe!

Schweigen liegt über der Stadt, und jede Familie der Hebräer hat sich ein Schaf geschlachtet und die Türpfosten mit Blut bestrichen, als der Abend kommt. Die Luft ist kalt, und die Gesichter der Menschen sind weiß vor Angst. Wie wird es sein, wenn in der Mitte der Nacht Gott der Herr durch die Stadt geht?

Bald wissen wir es. Wir sitzen in unserem kleinen gelben Haus und können nichts anderes tun als schweigen und warten. Draußen liegt schwarz die Nacht. Plötzlich schwebt ein Schreien in der Luft, wie ich es noch nie gehört habe. Von allen Seiten klagen die Ägypter, denn in jedem ihrer Häuser ist jemand gestorben.

Da klopft es dröhnend an unsere Tür.

Wir erstarren. Kommt jetzt der Todesengel zu uns? Mose blickt uns an. Dann öffnet er langsam die Tür.

Draußen stehen Pharaos Männer.

»Was wollt ihr?«, fragt Mose.

»Der Pharao schickt uns«, sagt einer. »Er lässt euch sagen: Macht euch auf! Alle Hebräer! Ganz Israel! Geht und dient eurem Gott! Zieht fort! Ihr seid frei. Und bittet für uns bei Gott, denn der Tod ist in unseren Häusern!«

Ich schaue zu meiner Mutter und sehe, wie ihr zwei Tränen die Backe hinunterrinnen. Dahinter lehnt mein Vater an der Wand, schwer atmend und blass. Aaron und Mose schauen sich an und laufen dann aus dem Haus.

»Wir müssen alle sammeln!«, schreien sie. »Wir sind frei!«

Doch noch ist Nacht und noch liegen die Kummerschreie der Ägypter in unseren Ohren. Der Tod ist in den Häusern, haben Pharaos Männer gesagt, und ich kann es direkt spüren, dass die Nacht dunkler ist als alle anderen Nächte.

»Schnell, packt euch fort«, rufen Pharaos Männer durch die

Straßen, denn jetzt wollen sie uns keine Sekunde länger mehr in ihrem Land haben.

Meine Mutter nimmt vier Decken und einige warme Mäntel und packt uns ein großes Bündel. Dann schaut sie in die große Teigschüssel und schüttelt traurig den Kopf. »Erst wollen sie uns nicht gehen lassen und jetzt müssen wir so schnell losziehen, dass nicht einmal der Brotteig durchgesäuert ist«, sagt sie und nimmt den halb fertigen Teigklumpen mit in ihr Gepäck. »Als Wegzehrung«, sagt sie und lächelt mir aufmunternd zu.

Ich nehme meine Trommel und trete vor das Haus. Draußen versammeln sich schon die Menschen. Ich höre Esel schreien, Schafe blöken und Rinder muhen. Kinder rufen nach ihren Eltern und Eltern nach ihren Großeltern. Dazwischen sind immer wieder Pharaos Männer zu hören, die laut schimpfen und drohen, damit wir endlich aufbrechen.

»Meine Güte, Mirjam«, sagt unsere Nachbarin und eilt hastig vorbei. »Was ich alles erleben muss!«

Da beginne ich zu trommeln, laut und auffordernd. Allen Mut, den wir jetzt brauchen, will ich herbeitrommeln! Meine Hände spielen wie von selbst, und jetzt kann ich langsam spüren, wie tief unten in meinem Bauch eine große Freude aufbricht und hinaufsteigt bis zu meinen Ohren! »Freiheit! Freiheit!«, trommle ich! Heute ziehen wir in die Freiheit! Wisst ihr, wie es ist, frei zu sein?

Und dann ziehen wir los. Mitten in der Nacht noch ziehen wir los! Wir verlassen unser kleines gelbes Haus, wir ziehen hinaus durchs Stadttor, am Fluss vorbei, an den Palmenhainen der Ägypter vorbei, hinaus aus dem jammernden Land!

Als der Morgen dämmert, haben wir schon längst die letzten Häuser hinter uns gelassen. Vor uns liegt die Wüste. Mose und Aaron schreiten mutig voran, als wüssten sie den Weg. Jetzt endlich dringt ein Lachen durch unseren Zug!

Der Auszug

Wir wandern den ganzen Tag und rasten nur in der Mittagshitze kurz im Schatten einer Felswand. Doch Mose drängt uns zum Aufbruch. »Wir dürfen jetzt nicht ausruhen«, sagt er immer wieder. »Wir sind noch viel zu nah an Ägypten und an Pharaos Leuten.«

Und so stehen wir nach einer kurzen Pause wieder auf und marschieren und marschieren! Über einen Hügel geht es hinab, dann wieder eine Anhöhe hinauf und dann einen langen Weg hinunter – und schließlich liegt vor uns das große Schilfmeer.

Ich selbst habe es noch nie gesehen, aber jeder weiß, wie groß und weit es ist. Und es stimmt! Trüb und träge liegt es da, und es wird Tage dauern, an seinen Ufern entlangzugehen um die andere Seite zu erreichen.

Da höre ich plötzlich Geschrei von den Hintersten unserer Schar. Was ist da los?

»Ägypter!«, höre ich. »Hinter uns kommen die Ägypter!«

Was? Ratlos schauen sich die Leute an.

»Pharaos Leute sind hinter uns her!«, dringen laute Schreie zu uns vor. »Wer kann uns jetzt helfen! Die Ägypter haben es sich anders überlegt!«

Ich sehe, wie ein junger kräftiger Mann wütend hochfährt! Mit geballter Faust geht er auf Mose zu und schreit voller Zorn: »Was hast du mit uns gemacht, du! Gräber gab es auch in Ägypten! Um zu sterben, mussten wir nicht in die Wüste ziehen!«

Und sogar meinen Vater höre ich murmeln. »Junge, Junge, ich habe es doch gesagt. Uns ging es doch ganz gut in Ägypten, wir hatten zu essen und zu trinken!«

»Besser den Ägyptern dienen, als in der Wüste sterben«, höre ich andere schreien und ich sehe, wie Mose ganz verzweifelt einen Blick zu mir herüberwirft.

Da packe ich meine Trommel und beginne wieder zu spielen.

Langsam werden die Menschen still. Dann sagt Mose: »Haltet fest zu unserem Gott, der uns aus dem Sklavenhaus Ägypten führt, hinaus in die Freiheit! Geht weiter, er wird uns leiten!«

»Wohin sollen wir denn gehen?«, fragt einer mit Angst in der Stimme. »Hinter uns sind die Ägypter, vor uns ist das Schilfmeer!«

Da tritt Mose ans Ufer des Meeres und hebt seinen Stab – und was ist das? Es ist, als weiche das Wasser vor ihm zurück! Es ist, als gebe es einen Weg durch das Meer, hinüber zum rettenden Ufer!

Mit aufgerissenen Augen schauen alle auf das Wunder.

»Seid still! Gott der Herr wird für euch kämpfen!«, ruft Mose. »Kommt und folgt dem Weg, den Gott uns zeigt, auch mitten durch das Meer hindurch!«

Keiner wagt sich zu rühren, denn das hat noch niemand gesehen!

»Kommt!«, ruft Mose und geht ein paar Schritte ins Meer hinein. Das Wasser weicht zurück.

Ich laufe zu ihm hin und auch ich gehe nicht unter!

Als die Menschen das sehen, gehen sie zögernd los. Erst treiben sie ihre Esel vor, auf dem Weg durchs Wasser, dann trauen sie sich selbst. Langsam wird unser Zug wieder schneller, denn hinter uns kann man schon die Streitwagen der Ägypter hören. Aber wir sind schneller! Wir gehen mitten durch das Meer!

Ich kann nicht sagen, wie lange wir durch das Schilfmeer gehen, bis wir das rettende Ufer erreichen. Wie im Traum gehe ich und alle anderen um mich her auch. Aber dann ist es so weit und wir stehen mit unseren Eseln, Schafen, Kühen und Kamelen auf der anderen Seite des Meeres auf einem Hügel. Immer noch ein wenig fassungslos stehen wir da und starren zurück aufs Meer.

Was ist das?

»Die Ägypter kommen! Pharaos Männer kommen auch durchs Meer!«, rufen einige. Und tatsächlich, ich kann sie sehen, die Ägypter! Mit ihren Streitwagen kommen sie und fahren langsam ins Schilfmeer hinein! Jetzt gibt es kein Entkommen mehr! Jetzt haben sie uns, denke ich, und eine tiefe Mutlosigkeit überfällt mich.

Ein Wimmern geht durch die Luft. Eltern halten ihre Kinder und starren hinunter aufs Schilfmeer.

Aber gerade als alle Streitwagen des Pharaos mitten ins Meer gezogen sind – da ist es, als bäumte sich das Meer selbst auf!

»Das Wasser kehrt zurück!«, höre ich jemanden rufen.

Ja, das Wasser kehrt zurück! Ich sehe es auch! Mit riesigen Wellen strömt es heran und flutet über die Streitwagen! Da! Noch sind sie zu sehen, Pharaos Männer, aber schon im nächsten Augenblick sind sie verschwunden, verschluckt von den Meereswellen!

Still wird es, ganz still.

Keiner kann begreifen, was gerade passiert ist.

Da nehme ich meine Trommel und fange zu singen an. Ein Siegeslied ist es, ein Danklied und ein Freudentanz!

»Lasst uns Gott singen!«, rufe ich laut. »Lasst uns Gott loben! Ross und Reiter warf er ins Meer! Uns aber befreit er!«

Da heben alle, die mein Lied hören, ihre Hände in die Luft und klatschen und lachen und rufen durcheinander und beginnen zu tanzen.

»Lasst uns Gott loben! Ross und Reiter warf er ins Meer! Uns aber befreit er!«

Keine Angst vor Riesen!

★ ★ ★

Eine Geschichte von David

Der Löwenmann

»Ich kann's!«, rief David und alle lachten.

»Was willst du kleine Wurst schon ausrichten?«, fragte einer der Kämpfer. »Schau dir doch diesen Kraftprotz an, diesen Löwenmann!«

»Ich habe schon gegen Löwen gekämpft«, sagte David trotzig, denn nichts mochte er weniger, als wenn er für zu klein gehalten wurde.

»Wann hast du gegen Löwen gekämpft?«, fragte ein schwarzhaariger Mann mit freundlichem Gesicht.

»Als sie meine Schafe angegriffen haben, also vielmehr die Schafe meines Vaters, die ich Tag und Nacht hüten muss!«, sagte David. Er warf einen Blick hinüber zu seinem großen Bruder Eliab. Der blickte unwirsch auf ihn herab.

»Du hast keine Rüstung, du hast keine Waffe, du bist eine halbe Portion und ein Angeber noch dazu«, zischte Eliab herüber, der stolz war, endlich zu den Kämpfern des Königs zu gehören, und der, das sah David ihm schon von weitem an, sich nichts mehr wünschte, als dass sein kleiner Hirtenbruder endlich den Mund halten und zu seinen Schafen zurückkehren würde. »Wärst du doch daheim geblieben, wo du hingehörst!«

Aber David war sehr froh, nicht daheim geblieben zu sein. Stattdessen war er vom Vater losgeschickt worden ins Lager des Königs, um seinen Brüdern frisches Brot zu bringen. Schließlich sollten sie bei Kräften bleiben und ihr Schwert gut schwingen können, wenn die Philister angreifen würden. Ja, wenn er daheim geblieben wäre! Dann hätte er weder die bunten Zelte im Lager gesehen, noch den König Saul persönlich, noch die Feinde, von denen er schon allerhand gehört hatte, noch den Löwenmann, der sich Goliat nannte.

»Aber dieser Goliat«, beschwerte sich David. »Traut denn keiner von euch sich zu, diesen Goliat zu besiegen? Es wäre doch besser, einer von uns tritt gegen ihn im Zweikampf an und besiegt ihn, als wenn alle kämpfen müssen und viele erschlagen werden, oder?«

»Natürlich wäre es besser«, sagte der Mann mit dem freundlichen Gesicht, »schließlich haben die Philister gesagt, dass sie abziehen, wenn irgendeiner ihren stärksten Mann Goliat umhauen sollte. Doch genau da liegt das Problem, mein Kleiner. Goliat ist eben ihr stärkster Mann, stärker als ich und du zusammen. Schau ihn dir lieber noch mal an, bevor du weitersprichst!«

David lugte noch einmal durch den Zelteingang.

Gut, Goliat war sehr groß und trug einen Bronzehelm, eine Schuppenrüstung und ein Schwert. Gut, je länger David ihn betrachtete, umso mehr sah Goliat wirklich aus wie ein alter Kriegsheld, der alle Kniffe kennt. »Aber ein Löwe ist er nicht!«, sagte David zu sich selbst. Und wie er sich aufführte!

»Kommt nur, kommt, ihr Angsthasen«, rief Goliat herüber und trommelte sich dabei mit der Faust auf seine gepanzerte Brust. »Will sich denn keiner eine gebrochene Nase holen?«

David dachte nach. Er hatte gehört, wie König Saul gesagt hatte: Wer diesen Goliat besiegt, der bekommt meine Tochter zur Frau und wird außerdem mit Gold überhäuft! Denkt euch! Die Königstochter zur Frau! Das war ja wie im Märchen! Das wäre doch gelacht! Und außerdem wäre der Krieg aus, wenn einer Goliat bezwingen könnte! Noch einmal schielte David zu seinem großen Bruder Eliab. Doch der tat so, als würde er ihn nicht sehen und lachte mit einem anderen Kämpfer in der Ecke des Zelts. Na warte nur! Wartet alle! Ich kann's! Ich kann diesen Kerl besiegen!

»Ich kann's!«, hörte David sich noch einmal rufen. Er hatte wohl laut gedacht.

In diesem Moment war Saul eingetreten, der König selbst.

»Was kannst du?«, fragte er. Plötzlich war es still. Alle starrten auf David. Er biss sich auf die Lippen.

»Ich kann gegen Goliat kämpfen und diesen Prahlhans besiegen«, sagte er schließlich leise.

Der König verzog keine Miene. Aber David hörte einige Kämpfer laut lachen. Was ihn am meisten ärgerte, war, dass sein Bruder Eliab auch lachte. Ja es schien ihm, als sei er der lauteste.

»Ich bin David aus Betlehem! Ich habe schon gegen Löwen und Bären gekämpft, wenn ich nachts meine Schafe gehütet habe!«

»Du bist klein«, sagte der König, »und der Mann der Philister ist groß und kräftig!«

»Aber – Gott ist auf meiner Seite«, sagte David.

Der König schwieg. »Gott steh dir bei, mein Kleiner«, sagte er schließlich. »Wenn du wirklich gegen diesen Kämpfer antreten willst, will ich es dir nicht verwehren!«

David hörte, wie alle die Luft anhielten. Er selbst hielt auch die Luft an, vor Schreck.

»Du brauchst eine Rüstung«, sagte Saul. »Wer gibt dem Jungen eine Rüstung?«

David schaute sich im Kreis um, doch alle wichen seinem Blick aus.

»Na gut«, sagte der König, »nimm meine Rüstung und meinen Helm und mein Schwert!«

Und er zog David höchstpersönlich seinen Harnisch über und gürtete ihn mit seinem Schwert.

David in der Rüstung des Königs! Wenn er das daheim erzählen würde! Er, der Kleinste in der Familie! »Wenn ich jemals wieder lebend nach Hause komme«, dachte er bei sich, denn er fühlte sich gar nicht wohl in der eisernen Rüstung, die ihm bis über die Knie hing.

Vorsichtig machte er ein paar Schritte. Beinahe wäre er über das lange Schwert gestolpert. Und der Helm rutschte ihm immer wieder über die Augen. Was war er für ein armer Ritter!

»Das geht nicht«, sagte David schließlich. »So geht das nicht.« Und er zog die Rüstung wieder aus und nahm seinen Stab und seine Schleuder in die Hand.

»Ich nehme lieber meine gewohnte Waffe, die Schleuder.« Und schon bückte er sich, um ein paar geeignete Kiesel zu suchen. Denn wer einen Löwen treffen will, braucht anständige Kiesel, glatt gerundet. Dann holte er tief Luft, ohne sich noch einmal umzudrehen, und trat aus dem Zelt.

Draußen in der Sonne stand Goliat. Sein Panzer glänzte in der Sonne. Seine Augen blickten siegessicher übers Feld. Zuerst sah er gar nicht, dass jemand auf ihn zukam. Er hatte wohl mit einem größeren Herausforderer gerechnet.

»Was willst du, Bürschchen?«, rief er schließlich hinüber, oder besser hinunter. Denn um David überhaupt zu sehen, musste er nach unten schauen. »Das täte mir doch sehr Leid, wenn deine Mutter heute Abend deine Arme und Beine wieder zusammenflicken müsste!«

David antwortete nicht. Sollte er doch reden, dieser Goliat, das Großmaul.

»Und wenn ich dir die Augen aus dem Kopf quetsche«, hörte er den Kämpfer prahlen, »wie willst du dann noch weinen?«

Da hob David seinen Stock.

Goliat lachte nur. »Bin ich denn ein Hund«, fragte er laut, »dass du mit einem Stecken kommst?«

»Du bist vielleicht groß und hast Schwerter und einen Helm und eine laute Stimme«, rief David hinüber. »Aber auch die Kleinen können viel bewirken! Warte nur, du!«

Und mit diesem Satz holte er mit seiner Schleuder aus und zielte einen kleinen glatten Kiesel haargenau hinüber auf die Stirn des großen Kämpfers. Wie der Stein flog! Wie verdutzt schauten die Krieger, als der große Goliat aufschrie und wie ein Baum umstürzte! Und wie groß war das Freudengeheul im Lager! Da drüben lag Goliat, der unbesiegbare Riese! David hatte ihn zu Fall gebracht.

Jetzt lief sein Bruder Eliab als Erster auf David zu und hob ihn hoch und drückte ihn und sagte immer und immer wieder: »Mein Bruder! Du kleiner großer Held!« Immer wieder rief er es und schwenkte ihn in der Luft, bis andere kamen und ihn wegstießen und David auf ihre Schultern nahmen und laut singend zum König Saul trugen. Hier wurde er abgeladen. Unsicher und ein wenig schwindlig stand er da. Lange sah der König ihn an.

Er hatte geschafft, was keiner gewagt hatte! Was würde Saul sagen? Unsicher blickte David zu ihm hinauf. Da lachte der König breit und schloss den kleinen Hirtenjungen aus Betlehem in die Arme und drückte ihn so fest, dass David nach Atem ringen musste.

»Das muss ich gleich meinem Vater erzählen!«, sagte David, als er wieder sprechen konnte.

»Nein«, sagte der König. »Ich lasse dich nicht mehr weg! So einen Helden lasse ich nicht mehr ziehen. Du wirst mein Waffenträger.«

David sah, wie hinter dem Rücken des Königs ein Junge ihm zuwinkte. Er musste ungefähr so alt sein wie er. David winkte zurück.

In Sauls Reich

Der Junge war Jonatan, der Sohn des Königs. Wenn ihr Jonatan kennen gelernt hättet! Er hatte neugierige Augen und konnte lachen wie kein anderer. Vor allem konnte er mit David lachen wie kein anderer. Denn von diesem Tag an wurden die beiden Freunde.

»Mein Freund David«, sagte Jonatan, wenn er David sah, und seine Augen lachten dabei. Und David freute sich tief drin über seinen neuen Freund, hier am Hof des Königs.

Jonatan konnte alles, was man an einem Königshof können muss. Er konnte mit dem Bogen schießen, mit dem Schwert kämpfen, wild reiten, er wusste, wie man sich beim Essen benimmt, und konnte bitteren Kaffee trinken, ohne die Miene zu verziehen, er konnte drei Sprachen und alle Namen der wichtigen Männer und Frauen im Reich rückwärts aufsagen. Es gab so viel, was David nicht wusste.

Zum Beispiel wusste er gar nicht, wer denn die Königstochter war, und das wollte er schon gerne wissen. Ein bisschen musste sie doch aussehen wie sein neuer Freund Jonatan, sie war ja schließlich seine Schwester. Vorsichtshalber verbeugte sich David vor jedem Mädchen, das er sah, und weil er sich vor jedem Mädchen verbeugte, verbeugte sich Jonatan auch vor jedem Mädchen. Nur so aus Spaß. Bis Michal kam.

Natürlich wusste David noch nicht, dass es Michal war, die auf ihn zukam. Aber als er sie sah, konnte er sich plötzlich nicht mehr verbeugen und wusste auch sonst nichts mehr zu sagen.

»Das ist Michal«, sagte Jonatan. »Meine Schwester.«

Michal. So ein schöner Name! Und ihre Haare! Und ihre Augen lachten genauso wie Jonatans Augen.

»Und du bist David«, sagte Michal.

David nickte nur stumm.

Da lachte Michal und lief los. David sollte sie fangen, aber sie war schnell wie ein Reh und sprang über die Wiese davon. David lief ihr hinterher, bis er nicht mehr konnte und sich ganz erschöpft niederwarf. Und dann kam auch noch Jonatan, warf sich auf ihn und drückte ihn ins Gras.

»Ich habe den Helden David besiegt«, rief er aus und lachte dabei.

Wie neu und groß die Welt plötzlich geworden war! Er, der kleine Hirtenjunge, war am Königshof! Und er konnte mit Jonatan lachen und sollte Michal zur Frau bekommen!

Ja, wenn David damals schon gewusst hätte, dass Saul auch ein dunkler König war! Wenn er gewusst hätte, dass er noch um sein Leben laufen sollte! Wie ungerecht es ist, dass niemand ewig fröhlich auf einer Wiese herumtollen darf und lachen, nur so zum Spaß.

David konnte zaubern. Nicht wie ihr denkt. Er konnte nicht machen, dass es regnet oder schneit, er konnte kein Huhn in ein Schaf verwandeln oder dergleichen. Aber er konnte so schön auf seiner Leier spielen, dass allen, die es hörten, das Herz aufging. »Ist das nicht Zauberei?«, fragten sie dann und freuten sich, am Leben zu sein, einfach so.

Saul, der König, hatte schwere Tage. Manchmal saß er in seinem Lehnstuhl am Fenster und sein Gesicht wurde grau. »Wo bist du?«, hörte man ihn dann flüstern.

»Wen sucht er?«, fragte David an einem hellen Morgen seinen Freund Jonatan.

»Ich glaube, er sucht Gott«, sagte Jonatan und zuckte die Achseln. »Es gibt so Tage, an denen meinst du, du bist ganz allein auf der Welt.«

»Aber hoffentlich sind es nicht zu viele!«, sagte David.

»Bei meinem Vater werden es immer mehr«, meinte Jonatan und David war es, als sei ein Schatten über das Gesicht seines Freundes geflogen. »Niemand

kann ihm helfen, wenn er so in seinem Lehnstuhl sitzt und vor sich hinflüstert.«

»Ich kann's bestimmt!«, rief David aus und packte seine Leier. »Warte nur.«

Und wirklich, er konnte es. Es war eben ein bisschen wie Zauberei. Als Davids Finger über die Saiten glitten, als die Töne aufflogen in den Raum, da legte sich ein kleines Lächeln über das Gesicht des Königs. Und die Welt war nicht mehr so grau.

»Spiel weiter, kleiner Held«, sagte Saul zu David. Und David spielte weiter. Er spielte an diesem Tag und am nächsten und von da an jeden Tag. Und der König lächelte, wenn er Davids Musik hörte.

Doch Saul war eben auch ein dunkler König, dunkler als er selbst es von sich wusste. Bald sollte David es erfahren.

Zuerst fiel ihm auf, dass Saul ihn immer misstrauischer betrachtete. An einem Tag, als David mit Jonatan und Michal zusammen war, fragte er seine Kinder plötzlich: »Habt ihr David lieb gewonnen?«

Jonatan und Michal nickten, und Michal sah dabei kurz zu David hinüber, sodass ihm ganz warm ums Herz wurde. Doch die Augen des Königs wurden dunkel und er fragte weiter: »Lieber als mich?«

»Anders lieb«, sagte Michal, doch der König wollte keine Antwort mehr hören, sondern ging weiter, versunken in seinen eigenen Gedanken.

Dann fiel David auf, dass König Saul niemandem mehr erlaubte, von seiner Heldentat zu erzählen. »Ich will nie wieder hören, wie David Goliat besiegt hat, ein für alle Mal!« So schallte es durch den Königshof, und die Leute sahen sich verwundert an, doch sie hörten nicht auf, sich zu erzählen, worauf sie Lust hatten. Und sie hatten oft Lust auf die Geschichte von David und Goliat. Als das der König hörte, wurde er nur noch grimmiger.

Und schließlich merkte David, dass Saul keinen Gefallen mehr an seiner Musik finden konnte. David spielte und sang wie bisher, doch es war, als wäre der König taub geworden. Da war es ein großer Trost für David zu wissen, dass er zwei Freunde am Hof hatte. Jonatan, der alles für ihn tun würde, und Michal, die ihm zugeflüstert hatte, dass sie ihn lieb hatte. Ihn, den kleinen Hirtenjungen!

An einem Abend spielte David wie gewohnt für Saul. Und Saul saß grau in seinem Lehnstuhl, in sich versunken und stumm. Hörte er überhaupt zu? David spielte weiter, denn er wollte nicht aufgeben. Und siehe da, was war das? Saul lächelte.

David wollte sich schon freuen, wie man sich freut, wenn ein Kranker das erste Mal wieder aufsteht und nach draußen geht. Doch das Lächeln des Königs war seltsam erstarrt und seine Augen blickten nach innen. Was murmelte er vor sich hin? Und warum fuhren seine Hände immer wieder zu dem Spieß an der Wand?

David war wachsam, und das rettete ihm an diesem Tag das Leben. Denn plötzlich sprang der König auf, packte den Spieß und schrie auf.

David wich zurück und warf seine Leier von sich. Da stand der König, wütend und schäumend, und versuchte, David an die Wand zu spießen. Doch er hatte nicht damit gerechnet, dass David so klein und so gewandt war! Der Spieß fuhr in die Wand, und David rannte aus dem Zimmer.

Wohin sollte er? »Jonatan!«, rief er laut. »Dein Vater ist verrückt geworden!«

Doch er konnte Jonatan nirgends finden. Er sah sich um. Zum Burgtor! David wollte keine Nacht länger in einem Haus bleiben, in dem ihn jemand töten wollte. Wo war der schwere Riegel? David rüttelte an der Tür, aber sie war zugesperrt. Sie war nie zugesperrt, und heute war sie verschlossen! Das ging doch nicht mit rechten Dingen zu! Wohin sollte er also? Hinter ihm brüllte der König.

»Pst«, hörte er da jemanden hinter sich.

David drehte sich um und sah hinter einem Türspalt Michals Augen.

»Komm hier herein, zu mir«, flüsterte sie.

Und David schlüpfte in ihr Zimmer.

»Dein Vater ist verrückt geworden«, flüsterte er ihr ins Ohr, »er will mich umbringen.«

Michal nickte. »Mein Vater ist auch ein dunkler König, ja, ich weiß.«

»Was soll ich also tun?«, fragte David.

»Was sollen *wir* tun?«, verbesserte ihn Michal und strich ihm mit der Hand durchs Haar.

»Was sollen *wir* tun?«, wiederholte David folgsam. Draußen vor der Tür hörten sie den König toben.

»Ich habe eine Idee«, sagte Michal. »Wir legen Decken und Kissen in dein Bett, damit jeder denkt, du lägst unter deiner Decke und schliefest. Aber das machst du natürlich nicht, denn ich will dich nicht verlieren, mein Lieber!«

David sah sie an, wie sie vor ihm stand, bebend vor Wut und zitternd vor Angst.

»Und dann?«, fragte er.

»Dann kletterst du aus meinem Fenster und versteckst dich draußen auf den Feldern, hinten bei den Felsen. Nimm ein Messer mit, um dich zu verteidigen. Jonatan soll morgen vorbeikommen und nach dir sehen!«

Das klingt so einfach. Aber klettere einmal aus dem Fenster einer Burg, wenn es Nacht ist und dunkel, wenn die Wand rutschig ist und steil und wenn du dich so einsam fühlst, dass du am liebsten weinen würdest! Und die Wachen, wenn wenigstens die Wachen nicht wären! Aber David und Michal wussten keinen anderen Weg. Also nahm David seinen ganzen Mut zusammen und kletterte hinaus in die Nacht, die hohe Burgmauer hinunter, vorbei an Eidechsen und dunklen Nachttieren, die keiner sieht und die sich wunderten, dass da ein kleiner Mensch ihre heimlichen Wege entlangkommt.

Michal aber legte Kissen in Davids Bett, sodass jeder dachte, er schliefe, und niemand darauf Acht gab, wie ein kleiner trauriger David sich die Burgmauer hinab abseilte und hinter den Felsen verschwand. Und das war gut so.

Denn mitten in der Nacht wachte Michal auf. Was war da für ein Geschrei in der Burg? Kaum hatte sie sich aufgerichtet, da kam ihr Vater hereingerannt zu ihr und schüttelte sie und rief: »Du Verrätertochter! Was tust du mir an?«

Michal war erschrocken, denn niemand wird gerne von seinem Vater aus dem Bett geschüttelt. So erschrocken war sie, dass sie nichts antworten konnte.

»Irgendjemand hat David geholfen, aus der Burg zu fliehen!«, rief ihr Vater weiter. »Du warst es, gib es zu!«

»Warum sollte er denn fliehen?«, fragte Michal leise zurück. »Hast du ihm etwas getan?«

Da strich sich König Saul mit der Hand übers Gesicht und sagte ganz ruhig: »Nein, nein, natürlich nicht. Ich vermisse ihn nur. Er soll für mich singen, jetzt, sofort!«

Doch Michal sah, dass ihr Vater in der Hand einen Spieß trug und dass an dem Spieß einige Gänsefedern klebten. Geradeso als wäre mit dem Spieß in einen Kissenberg hineingestochen worden, der unter einer Bettdecke liegt.

Die Flucht

Auch auf eine schlimme Nacht kommt ein Morgen. Als die bleiche Sonne aufging, saß David draußen bei den Feldern hinter einem Felsen und war dankbar, dass die Sonnenstrahlen seine Haut streichelten und er am Leben war. Er war ganz allein. Er wusste nichts von seinen Freunden, er wusste nicht, ob Jonatan und Michal den Zorn des Königs überstanden hatten. Und weil er nichts wusste und auch nichts anderes zu tun wusste, wartete er hinter seinem Felsen. »Ich habe den Löwenmann Goliat besiegt«, dachte er bei sich, um sich Mut zu machen, »da werde ich auch jetzt keine Angst haben. Gott ist bei mir. Auch wenn ich klein bin.«

Der Tag war lang und niemand kam vorbei. Hatten ihn alle vergessen? War alles nur ein Traum gewesen? David war hungrig und durstig. Endlich, als es Abend wurde, hörte er Schritte über die Felder kommen. Wer war das?

David wagte nicht zu atmen und verkroch sich tief im Schatten des Felsens. Da hörte er, wie ihn jemand beim Namen rief.

»David, wo bist du?«

Es war Jonatan! Sein Freund war gekommen! David sprang auf und vergaß, dass niemand ihn sehen durfte.

»Jonatan«, sagte er nur und beide sahen sich an und lachten, einfach nur so, weil sie sich wiedersahen. Beinahe hätte David vergessen, dass Jonatans Vater ihn töten wollte. Jonatan hatte Brot und Wasser dabei, und David trank und aß, bis er satt war.

Als er den Krug absetzte und das Brot zur Seite schob, sah er Jonatan an, seinen Freund. Dann sagte er: »Dein Vater hat versucht, mich umzubringen.«

»Jetzt fängst du auch damit an«, sagte Jonatan. »Erst kommt Michal und redet ganz wirr, dann kommst du und sagst dasselbe.«

»Es ist aber wahr«, sagte David.

»Vielleicht war mein Vater kurz wütend«, sagte Jonatan, »aber bestimmt hat er sich beruhigt und will dir nichts Böses tun.«

David schüttelte nur den Kopf.

»Ich könnte versuchen, meinen Vater auszuhorchen«, sagte Jonatan, der sah, dass David ihn ernst anblickte. »Ich werde dir ein Zeichen geben, ob du zur Burg zurückkommen kannst.«

»Morgen ist Neumond, und da feiert der König ein Fest«, sagte David. »Die Leute werden sich sicher wundern, wenn ich nicht komme.«

Jonatan nickte. »Das ist eine gute Gelegenheit, um herauszufinden, wie mein Vater von dir denkt. Warte hier. Übermorgen will ich hinausgehen aufs Feld zum Bogenschießen. Wenn ich drei Pfeile rechts an diesem Steinhaufen vorbeischieße, dann ist alles in Ordnung und du kannst zurückkommen. Wenn ich sie links vorbeischieße, dann musst du fliehen.«

David nickte und wiederholte noch einmal für sich: rechts gut, links schlecht.

Jonatan wandte sich zum Gehen.

»Vergiss nicht, dass wir Freunde sind, was immer auch passiert«, sagte er und rannte schnell fort, über das freie Feld hin.

Am nächsten Tag blieb Davids Platz in der Burg leer, und alle schauten darauf und wunderten sich.

»Der König feiert ein Fest und David ist nicht da«, tuschelten die Leute.

Auch Saul selbst kam und fragte nach David.

Jonatan spitzte die Ohren.

Warum fragte sein Vater nach David? Er wusste doch sehr gut, dass David Angst vor ihm hatte, weil er ihn in der Nacht mit seinem Spieß verfolgt hatte, oder?

»Wo ist David?«, fragte der König.

Niemand antwortete.

»Jonatan«, sagte der König. »Du weißt doch sonst immer alles von deinem kleinen Freund. Weißt du etwa diesmal nicht, wo er ist?«

»Sein Vater wollte, dass er ihn besuchen kommt, und deshalb ist er nach Betlehem aufgebrochen«, log er.

Da rollte Saul plötzlich mit den Augen und sprang auf und ruderte mit den Armen. »Ah!«, brüllte er. »Sofort soll er kommen, hierher!«

Jonatan fasste seinen Vater am Arm und fragte leise: »Was hast du gegen David? Warum willst du ihn töten?«

Aber Saul schwang mit der anderen Hand seinen Spieß und richtete ihn auf Jonatan. Da musste er sich losmachen von seinem Vater, der vor Zorn schäumte. Nun wusste Jonatan Bescheid. Am nächsten Tag würde er hinausgehen aufs Feld und drei Pfeile nach links schießen müssen.

Und so kam es, dass David, der Held, der den Löwenmann Goliat mit einem Kieselstein besiegt hatte, fliehen musste. Gut, dass er sich auskannte im Gebirge. Gut, dass er für seinen Vater in Betlehem jahrelang die Schafe gehütet hatte und wusste, wie man Wasser findet und sicher über die Felsen geht. Gut, dass er es gewohnt war, draußen zu schlafen, allein mit den Sternen und dem Mond.

Wenn er allerdings gewusst hätte, wie sehr Saul ihn hasste, dann hätte er sicher vor Angst kein Auge zugetan. Doch zum Glück wusste er es nicht. Wenn er geahnt hätte, dass Saul Tag und Nacht Pläne schmiedete, ihn, den kleinen David aus Betlehem, zu fangen, dann wäre er nicht so sorglos von Dorf zu Dorf gewandert und hätte an der Tür um Brot gebettelt. Dann hätte er sich sicherlich tief drin im Gebirge verborgen gehalten.

Doch, so war es: Saul saß in seiner Kammer und brütete seinen Hass auf David aus, bis er beinahe platzte. Und als er genug gebrütet hatte, stand er auf, nahm sein Schwert in die Hand, ging vors Tor und befahl dreitausend Männern, mit ihm zu kommen, um David zu jagen. »Ich will ihn finden, ich will ihn finden«, hörten Michal und Jonatan ihn murmeln, doch was sollten sie tun?

Die Begegnung in der Höhle

Dreitausend Mann verließen am nächsten Morgen Sauls Burg und ritten hinab ins Tal, weiter ins Gebirge, schnüffelten nach Spuren, fragten die Menschen hier und dort, ob sie David gesehen hätten, ob sie ihm Brot gegeben oder Unterschlupf gewährt hätten. Und die Menschen, die nichts Böses ahnten, erzählten, wo sie David gesehen hatten und wer ihm zu essen gegeben hatte. Und so kam es, dass Saul, der dunkle König, David immer dichter auf die Fersen kam, jeden Tag ein bisschen näher.

David konnte beinahe schon das Klirren der Schwerter hören, doch er achtete nicht darauf, denn er wusste nicht, dass er verfolgt wurde.

An diesem Abend suchte er sich eine Höhle, aß sein Brot und kroch dann weit hinten unter den Fels, um zu schlafen. Da hörte er endlich seine Verfolger.

»Männer in Rüstungen«, dachte er. »Das heißt nichts Gutes.« Und er blieb, wo er war, und das war sein Glück.

Saul und seine Männer suchten sich dieselbe Höhle für die Nacht! Als ob es nicht genug Platz gegeben hätte, ringsumher! Ausgerechnet diese Höhle musste Saul sich aussuchen. David kroch immer weiter hinein in den Schatten und wünschte, er wäre ganz weit weg, zu Hause bei seinen Brüdern und bei seinem Vater, zu Hause in Betlehem. Doch so sehr er es sich auch wünschte, er blieb auf dem nackten kalten Steinboden in der dunklen Höhle und hörte, wie Saul und seine Männer laut und rau lachten. Wie sie Feuer machten und Fleisch brieten. Und er hörte, wie Saul rief: »Morgen schnappen wir ihn, den Hanswurst!«

David zitterte. Doch später in der Nacht brannten die Feuer nieder. Die Männer schnarchten, und die Wachen schauten nur hinaus ins Land, nicht hinein in die Höhle.

»Glück gehabt«, dachte David bei sich. Ob Saul auch schlief? Wie er wohl aussah? Neugierig wie er war, kroch David aus seinem Versteck und schlich auf allen vieren langsam durch die dunkle Höhle. Niemand war zu sehen. Stockfinster war die Höhlennacht um ihn herum.

David lauschte.

Vor ihm waren tiefe Atemzüge zu hören. Da vorne am Höhleneingang lagen Sauls Leute und schliefen! Langsam schlich er um die Felsen und sah, dass ein matter Glutschimmer den Eingang erhellte. Da lagen sie alle, die tapferen Kriegsmänner, unschuldig wie kleine Kinder, zusammengerollt auf ihren Mänteln.

Und dort drüben lag Saul.

Lange sah David ihn an. Die Nase war lang und dünn geworden, die Augen lagen tief in den Höhlen. Das wirre Haar fiel ihm über sein Gesicht. David konnte seinen Atem hören. Gleichmäßig und ruhig.

David griff an das Messer, das an seinem Gürtel hing.

Da lag der König, der ihn töten wollte. Jetzt könnte David ihn töten, unbemerkt und ohne Gefahr. Er hatte ein Messer, und der König schlief. Aber nein, was sollte dieser Gedanke! David hatte eine andere Idee.

Langsam streckte er die Hand aus und griff nach dem Mantel des Königs, der purpurn auf dem Höhlenboden ausgebreitet lag. Jetzt nur noch das Messer genommen und schon war ein Stück des Mantels abgeschnitten. David musste grinsen. Er hatte dem König einen Zipfel des Mantels geraubt!

Langsam kroch er zurück in sein dunkles Versteck und wartete auf den Morgen.

Als die Luft grau wurde und die ersten Vögel zu singen begannen, klirrten die Rüstungen wieder und die Männer des Königs standen auf.

David blieb, wo er war, und wartete ab.

Bald hörte er, wie Saul seine Männer zusammenrief.

»Packt zusammen, wir brechen auf!«

Gerade als alle aus der Höhle gegangen waren, nahm David seinen ganzen Mut zusammen – und ihr wisst ja, er war sehr mutig – und schlüpfte schnell zum Höhlenausgang. Da stand er, den alle suchten, doch niemand nahm von ihm Notiz. Alle wollten weiterreiten.

»Saul«, schrie er aus Leibeskräften.

Alle hielten inne. Der König, der gerade auf sein Pferd steigen wollte, blickte zurück und erstarrte.

»Du wolltest mich töten, Saul«, rief David hinüber. »Warum nur? Schau mich an. Heute Nacht war ich bei dir und habe dir dieses Stück Stoff von deinem Mantel geschnitten. Ich hätte dich töten können, siehst du das?«

Saul glotzte nur.

»Warum glaubst du, ich will dir Böses?«, redete David weiter. »Heute Nacht habe ich dir bewiesen, dass ich dir nichts Böses will. Lass uns Frieden schließen.«

Saul schwieg immer noch. Dann trat er langsam ein paar Schritte auf David zu, der ihm das Mantelstück entgegenhielt. David sah ihm ins Gesicht,

und plötzlich wusste er, dass er keine Angst mehr zu haben brauchte. Glitzerten da nicht Tränen auf der Backe des Königs?

»Ich habe dir Unrecht getan«, flüsterte Saul und beugte sich zu David. »Ich stehe in deiner Schuld. Du hast mir mein Leben neu geschenkt.«

Lange standen sich die beiden gegenüber und schwiegen. Dann reichte der König dem kleinen Hirtenjungen die Hand, und es war ein bisschen so, als sei die Welt farbiger geworden.

Der Feuerbeschwörer

★ ★ ★

Eine Geschichte von Elija

Hat jemand gehört, was die in Samaria über einen gewissen Elija sagen? Dass sie ihn suchen? Dass er fliehen musste, um sein Leben zu retten? Hör nicht hin, wenn sie ihn verfluchen, wenn sie sagen: »Der Kerl ist ein Mörder!« Glaub ihnen nicht, wenn sie sagen: »Der verflixte Wettermacher hat vierhundertfünfzig Mann beim Bach Kischon niedermetzeln lassen!«

Aber warum solltest du ihnen nicht glauben, es ist ja wahr! Aber alles ist anders, als du denkst. Was gäbe ich darum, wenn ich die Zeit zurückdrehen könnte und es anders machen!

Denn ich bin Elija. Ja, ich, der ich hier mutterseelenallein hinter einem Felsen hocke. Verrate mich nicht! Erzähle nichts von meinem Versteck, mitten im dürren Land, hier bei den Steinen. Niemand kennt diesen Ort am Ginsterbusch. Niemand hat mich gesehen. Zwei Raben flogen gestern vorbei, doch sie haben mich nicht ausspähen können. Und die Eidechsen, die sich oben zwischen den Kräutern sonnen, sind stumm und werden nichts von mir erzählen. Und so soll es bleiben, denn ich will nicht mehr. Ich will nichts mehr hören und nichts mehr sehen.

Es ist wahr! Ich bin nicht besser als meine Väter! Dabei wollte ich es gut machen. Ich dachte, ich wüsste den Weg aus dem Elend, und trat vor Ahab und Isebel – doch ich will dir die Geschichte von Anfang an erzählen.

Es regnet nicht mehr im Land, seit vielen Tagen und Wochen. Die Quellen sind versiegt, die Bäche haben rissige Betten, die Wolken bleiben aus. Die Leute sagen: »Seit Isebel bei uns das Sagen hat und zu Baal betet, hat Gott uns vergessen! Seit Ahab die Menschen hinrichten lässt in der Nacht, gibt Gott uns kein Wasser mehr, damit es ihm und uns eine Lehre sei!«

Es ist wahr: Seit Isebel unsere Königin ist, ist einiges faul im Land. In Samaria, der starken Feste Israels, wird geplant und gebaut. Stein um Stein wird das Alte eingerissen, und immer mehr will König Ahab für sich und seinen Palast. Wer ihm im Weg ist, der verschwindet auf Nimmerwiedersehen. Ob Isebel, unsere Königin, daran schuld ist, weiß ich nicht, aber ich habe es eine Zeit lang geglaubt. Und böse Zungen sagen zu allem, was schief läuft im Land: »Das hat Isebel dem König eingeflüstert!«

Sie mögen Isebel nicht. Denn Isebel kommt nicht von hier. Isebel kommt vom Meer, sie ist eine phönizische Königstochter und weiß nichts von uns und unserem Land. Aber sie ist schön wie die Nacht. Kein Wunder, dass Ahab sich in sie verliebt hat und jetzt alles für sie tut. Alles, sogar sich selbst hat er dabei vergessen.

Isebel glaubt an einen anderen Gott. Baal heißt er, der Herr des Wetters, der Wolkenreiter, der auf dem Berg Zaphon wohnt. Und weil Ahab seine Königin Isebel liebt, lässt er ihrem Gott Tempel bauen, dem Baal. Und weil er sie sehr liebt, hat er den Gott seiner Väter, unseren Gott, vergessen und geht nun auch in den Tempel Baals und verfolgt diejenigen, die anderer Meinung sind als er, und lässt sie hinrichten in der Nacht.

Da geht die Angst um in der Nacht. Da verstecken sich die Menschen vor ihm und Isebel. Doch nichts bleibt verborgen. Es regnet nicht mehr in Israel. Alles Leben ist verdorrt.

Und König Ahab reitet durchs Land und sucht nach Wasser. Er sucht im Staub und sucht auf den Hügeln, er sucht zwischen den Felsen und Dörfern und findet nichts und hat nichts begriffen.

Bei den Zwei Tälern bin ich ihm begegnet. Staubbedeckt war sein Mantel von oben bis unten, und seine Augen schauten müde zum Sterben, als er mich ansah.

»Elija, du Wirrkopf«, sagte er zu mir. »Jetzt kommst du?«

»Hätte ich früher kommen sollen?«, fragte ich.

»Kannst du nicht die Wolken deuten und Regen finden? Hast du nicht früher schon den Menschen im Land geholfen? Sieh mich an!«

Ich sah ihn an, wie er grau vor Kummer auf seinem Pferd saß, und sagte: »Was willst du, dass ich sehe?«

»Mich sollst du sehen! Einen Mann am Ende seiner Kraft. Das Land verödet. Die Menschen haben ihre Freude am Leben verloren. Alles Leben versickert. Der Mut verrinnt. Keiner traut mehr dem andern.

Und du schweigst und hilfst mir nicht Wasser zu finden!«

Da richtete ich mich auf und er fuhr zurück vor meinem Blick.

»Ahab«, sagte ich. »Was du sagst, ist wahr. Die Leute haben Angst. Sie haben ihren Weg verloren, ihren Gott, ihr Ziel. Wer glaubst du, hat Schuld daran?«

Der König sah mich schweigend an.

»Du!«, sagte ich und hörte meine laute Stimme über ihn hinwegdonnern. »Du hast Schuld daran!«

»Ich?«, fragte der König leise.

»Ahab«, sagte ich und ich war stolz auf den Eindruck, den ich auf den König machte, »hast du nicht Menschen umbringen lassen, um dir einen Palast zu bauen? Hast du nicht Menschen verfolgt und eingesperrt, die nichts anderes getan haben, als an Gott zu glauben, den Gott deiner Väter? Bist du nicht schuld, weil du ein Totschläger und ein Mörder geworden bist, dass sie sich verstecken um zu überleben? Und jetzt beklagst du dich, die Menschen hätten ihre Freude am Leben verloren? Und jetzt bittest du mich um Hilfe? Weißt du nicht, welchen Namen mir meine Mutter in der Wiege gegeben hat? Elija, das heißt: Mein Gott ist Gott, der Herr!«

Der König schwieg und blickte in den Staub.

»Elija«, sagte er, »der Durst ist groß im Land. Wo ist Gott? Wo ist Leben? Wo ist ein Weg zum Überleben?«

Ich schaute den König lange an, denn mir war, ich weiß nicht woher, eine Idee gekommen.

»Ich mache dir einen Vorschlag«, sagte ich schließlich. Und weil ich diesen Vorschlag gemacht habe, bin ich zum Mörder geworden.

»Sag, was du willst«, sagte Ahab.

»Hole alle Priester des Baals auf den Berg Karmel, und wir machen einen Wettstreit.«

»Einen Wettstreit?«, sagte Ahab erstaunt. »Worum sollen wir wetten?«

»Um den richtigen Gott!«, sagte ich. »Du holst deine Baalspriester und ich kämpfe für Gott den Herrn, den Gott deiner Väter.«

»Du bist verrückt geworden«, sagte er und schüttelte den Kopf. Vielleicht hatte er Recht. Doch ich sagte zu ihm: »Denke nicht, dass wir mit dem Schwert kämpfen! Wir kämpfen mit dem Feuer!«

Ich sehe ihn noch heute, wie er damals vor mir saß, er oben auf seinem Pferd, ich unten im trockenen Staub des Landes. Ich sehe seinen Blick, zweifelnd und irrend, Hilfe suchend.

»Du musst dich entscheiden«, sagte ich. »Wie lange willst du mal dem einen, mal dem anderen Gott dienen? Wie lange willst du Willkür üben?«

Ahab senkte den Blick.

»Du suchst nach Wasser«, sagte ich. »Du findest Wasser, wenn du weißt, wer dein Gott ist.«

»Einverstanden«, sagte Ahab schließlich. »Der Wettstreit gilt.«

Der Karmel ist ein einsamer Berg zum Meer hin. Doch nie war jemand auf einem Berg einsamer als ich. Als die Sonne aufging, konnte jeder sehen, dass es Isebel gelungen war, vierhundertfünfzig ihrer Baalspriester zusammenzutrommeln, um den Wettstreit zu gewinnen. Vierhundertfünfzig siegessichere Männer starrten zu mir herüber und schnitten Grimassen. Denn auf der anderen Seite des Berges stand ich. Ich allein. Elija.

»Traust du dich vor uns zu erscheinen?«, rief einer der Priester herüber. »Ich dachte, du wärst klüger.«

»Prahle erst, wenn die Sonne untergeht«, dachte ich bei mir, doch ich biss die Zähne zusammen und sagte nichts.

In der Mitte standen Isebel und Ahab. Grau sah er hinüber zu den Baalspriestern und dann zu mir.

»Und jetzt?«, fragte er. »Elija, du siehst, ich habe getan, was du gesagt hast.«

»Der Wettstreit kann beginnen«, gab ich zurück. Niemand sah, wie sehr ich schwitzte. Doch lieber wollte ich sterben, als Gott verraten. »Wir kämpfen um das Feuer.«

Einer sah den anderen an und wusste nicht, was tun.

»Wir bauen zwei Holzstöße,« rief ich hinüber. »Auf jeden Holzstoß legen wir ein Opfertier. Niemand darf die Holzstöße anzünden, und dann wollen wir sehen, in welchen Holzstoß das Feuer fährt! In euren, wenn ihr zu eurem Baal ruft, oder in meinen, wenn ich zu Gott dem Herrn rufe!«

»So sei es«, sagte der König. Und so geschah es an diesem Tag auf dem Karmel. Die Baalspriester bauten ihren Holzstoß und ich baute meinen Holzstoß.

Dann traten die Priester vor und beteten zu ihrem Baal und schrien zum Himmel. Nichts geschah. Lange Zeit umschritten sie den Holzstoß und sangen und sagten Formeln auf, den Himmel zu erweichen. Doch nichts geschah.

Und ich, was tat ich? Ich Narr trat noch an sie heran und lachte über sie und spottete: »Ruft lauter! Könnte sein, dass euer Baal gerade eingeschlafen ist! Oder ist er vielleicht verreist?«

Da wurden sie noch wütender und ritzten sich die Brust mit ihren Messern auf, um ihren Baal zu beschwören und ihm zu zeigen, dass sie es ernst meinten. Und so hüpften sie um ihren Schlachtplatz, den Altar, den Holzstoß, in den kein Feuer fahren wollte.

Du wirst sicher fragen, woher ich meine Gewissheit nahm, dass ich siegen würde. Und ich muss dir sagen: Ich weiß es nicht. Doch ich wollte kämpfen für meinen Gott, und wenn ich dafür sterben würde! Ich oder sie, sie oder ich! Tod oder Leben, Leben oder Tod! So drehten sich meine Gedanken in mir. Etwas anderes gab es nicht mehr in meinem Kopf.

Als die Baalspriester sahen, dass ihr Baal ihre Worte nicht zu hören schien und kein Feuer vom Himmel fiel, da gaben sie auf und setzten sich auf den Boden. »Es kann immer noch unentschieden ausgehen«, sagte einer. »Wir wollen sehen, ob Elija, dieses Großmaul, seinen Holzstoß zum Brennen bringen kann!«

Also kam ich an die Reihe und trat vor zu meinem Holzstoß, auf dem das Opfertier lag. Alle schauten zu mir. Ich war allein.

»Holt vier Eimer mit Wasser und schüttet es über meinen Holzstoß«, rief ich kampfeslustig. Schnell eilten Leute herbei und schütteten Wasser über das Holz. »Mehr!«, rief ich eifernd. »Schüttet noch zweimal so viel Wasser drüber, und ihr werdet sehen, wessen Gott ein wahrer Gott ist!« Und die Leute schütteten Wasser nach.

Vor uns tropfte das Wasser vom Holzstoß. Darauf lag das Opfertier und blutete still vor sich hin. Um den Holzstoß standen die Menschen von Samaria und die vierhundertfünfzig Baalspriester und schwiegen.

Da rief ich laut zu Gott: »Mein Gott! Antworte mir! Zeig, wer du bist!«

Es war ganz still. Da brach ein Schreien durch die Menschenmenge und einer deutete aufgeregt auf den Holzstoß. Da!

Das nasse Holz fing Feuer und die Flammen züngelten hoch, über und über, und verschlangen das Opfertier. Lichterloh brannte das Holz! Funken flogen in den Himmel und von der Hitze wellte sich die Luft vor meinen Augen.

»Gott, der Herr, hat sich gezeigt! Er ist unser Gott, nicht Baal!«, riefen die Menschen und warfen sich auf den Boden und schrien. Ich wusste nicht, wie mir geschah. Triumph!

»Ergreift die Baalspriester, alle!«, rief ich laut. »Keiner soll entkommen! Führt sie den Bach Kischon hinunter und metzelt sie nieder! Die falschen Propheten! Die ungläubigen Hunde! Tod den falschen Göttern und denjenigen, die an sie glauben!«

Und sie hörten auf mich, denk dir, sie hörten auf mich, mich, Elija! Eifrig waren sie, blutgierig waren die Menschen von Samaria und packten die Baalspriester, die nicht wussten, wie ihnen geschah, und warfen sie hinab zum Bach Kischon und johlten und schlugen dabei auf sie ein, als wären sie Schlachtvieh! O Gott! Was habe ich gemacht, in deinem Namen! Einen Schlachtplatz von vierhundertfünfzig Menschen!

Da hörte ich Isebel, die schöne Königin, schreien: »Elija!«

Und ich kam wieder auf den Boden.

»Elija!«, schrie Isebel, und ihre Stimme schnitt durch die versengte Luft. »Hüte dich! Heute bist du stark und metzelst alles nieder! Morgen aber bist du dran, morgen bist du ein toter Mann!«

Die Zeit stand still. Für eine Sekunde lang bewegte sich niemand. Da packte mich die Angst und schüttelte mich. Und ich lief den Berg hinab, schaute nicht nach links und nicht nach rechts, sondern lief um meine Seele. Lange lief ich, bis ich hierher kam, zum Ginsterbusch in der Wüste, an diesen Ort, den keiner kennt.

Nun ist es genug, sagte ich zu mir, immer und immer wieder. Nimm meine Seele, Gott, denn ich bin ja auch nicht besser! Ich bin ein Totschläger geworden, in Gottes Namen, so wie Ahab und die Baalspriester Totschläger waren in ihres Gottes Namen! Wie viel Tod habe ich über die Menschen gebracht und das in Gottes Namen!

So, jetzt weißt du alles von mir. Und du weißt auch: Ich kann mir nicht verzeihen. Ich bin am Ende.

Jetzt magst du glauben, was du willst, jetzt kannst du mich meinetwegen einen Mörder nennen. Doch vergiss dabei nicht, ich wollte das Gute! Ich wollte, dass Gott siegt! Dass Gott, der Herr, seine Macht zeigt und die Bösen für immer zum Schweigen bringt! Aber ich sehe schon, ich habe falsch gedacht. Tod bringt Tod, Gewalt bringt Gewalt, Hass bringt Hass. Gott kommt dadurch nicht auf die Erde.

Ich sitze hinter dem Ginsterbusch und will alles vergessen. Da kommt einer, den ich nicht kenne. Ich kauere im Schatten und denke, er geht vorbei. Doch was macht er? Er hat mich gesehen! Er hat mich entdeckt! Ob er mich auch erkennt? Da, er spricht zu mir!

»Steh auf und iss!«

Und als ich mich umsehe, finde ich hinter dem Busch einen Krug Wasser und ein Stück Brot. Wie ist es hierher gekommen? Und als ich mich wieder umwende, ist der, der zu mir sprach, wieder weg. Was hat er gesagt? Ich soll essen?

Ich stehe auf und esse und trinke und fühle, wie ein wenig Kraft in mich zurückkehrt. Vielleicht kann Gott mir verzeihen? Vielleicht ist doch nicht alles aus. Darüber werde ich müde und schlafe ein.

Als ich wieder aufwache, ist der andere wieder da.

»Steh auf und iss«, sagt er wieder. »Du hast noch einen weiten Weg vor dir!«

Was meint er? Welchen Weg soll ich noch vor mir haben! Mein Weg führte in die Wüste, wo kein Wasser ist und kein Quell. Ich bin auch nicht besser als Ahab. Ich habe mich selbst verloren. Meine Kraft ist versickert.

Und während ich noch denke, ist der andere wieder verschwunden. Der Krug mit Wasser und das Brot aber sind noch da. Also stehe ich auf und esse wieder und spüre, wie immer mehr Kraft in mich zurückfließt.

»Mein Weg ist doch noch nicht zu Ende«, geht es mir durch den Kopf. »Wenn mein Weg bisher in Tod und Gewalt führte, so kann ich doch umkehren und Gott suchen gehen!«

Und ich packe meine Sachen zusammen, stehe auf und gehe los. Wohin? Meinen Weg entlang. Woher ich weiß, dass es mein Weg ist? Ich weiß es nicht. Mein Weg führt mich und ich lasse mich führen. Wohin mich meine Füße tragen, dahin will ich gehen, so habe ich es mir vorgenommen. Zuerst gehe ich ein Tal hinauf über eine kahle Anhöhe, dann entlang einer alten Straße, die schon viele gegangen sind, hinunter in den Osten. Doch nie treffe ich jemanden. Vielleicht sehe ich auch nur nicht genau hin. Vierzig Tage und vierzig Nächte lasse ich mich von meinem Weg führen, bis ich an den Gottesberg Horeb komme.

»Mein Weg ist noch nicht zu Ende«, sage ich mir vor. »Ich finde Gott noch und Gott findet mich.«

Es wird Abend, und vor mir steht groß der Berg Horeb. Bin ich hier am Ziel? Nachtkälte fährt mir in die Knochen und ich lege mich in eine Höhle, um zu schlafen.

Da höre ich seine Stimme. Wessen Stimme? Gottes Stimme.

»Hinaus!«, ruft er. »Steh auf und du wirst mich finden!«

Mein Gott, denke ich und springe auf.

Draußen wächst ein Sturmbraus, der Wind zerrt an meinen Haaren und wirft mich fast um, und ich rufe laut in den Sturm: »Gott, bist du im gewaltigen Sturm? Dann hatte ich ja Recht und kämpfte zu Recht mit der Gewalt eines Sturmes für dich und die Wahrheit!«

Doch Gott ist nicht im Sturm.

Nach dem Sturm bebt die Erde und Steine rollen hinab vom Berg und ich zittere und wanke von einem Bein auf das andere und rufe: »Gott, bist du ein Erdbeben? Dann schüttle die Bösen von der Erdkruste ab! Dann hatte ich ja Recht und warf zu Recht die Baalspriester ins Tal des Kischon, wo sie zermetzelt wurden!«

Doch Gott ist nicht im Beben.

Nach dem Beben züngelt Feuer auf wie das Feuer eines Vulkans und es fliegt hoch in den Himmel und ich rufe: »Gott, bist du im Feuer, dann habe ich ja einen richtigen Kampf gekämpft für dich, einen gerechten Kampf mit dem Feuer! Dann brenne alle nieder, die gegen dich sind, und die Welt wird besser sein, und ich werde dir dabei helfen!«

Doch Gott ist nicht im Feuer.

Nach dem Feuer kommt ein leichter Wind. Wie eine weiche Stimme, wie ein sanfter Hauch fährt er mir über die Wange und streichelt tröstend meine Tränen, die ich nass auf meinem Gesicht spüre.

Hier habe ich Gott gefunden.

Der Mann im Fisch

★★★

Eine Geschichte von Jona

Der Auftrag

»Ts, ts, ts«, machte Jona und schüttelte den Kopf. So machte er immer, wenn ihm etwas gar nicht gefiel. Und es gab viel, was ihm gar nicht gefiel, deswegen hörte man ihn oft »ts, ts, ts« sagen. Auch an diesem Morgen, als er an dem Tisch vor seinem kleinen Haus saß, machte Jona: »Ts, ts, ts.«

»Ist es nicht schrecklich?«, fragte der Wanderer, der ihm gegenübersaß und herzhaft in sein Brot biss.

Jona nickte, denn das, was der Wanderer ihm erzählt hatte, machte ihm Angst.

»Im Osten gibt es schon wieder Krieg!«, hatte der Wanderer erzählt, und er musste es wissen, denn er war schon zehn Wochen unterwegs und kannte alle Neuigkeiten der Welt.

Und Jona dachte kummervoll: »Krieg bedeutet Tod. Städte werden zerstört. Häuser werden zu Ruinen. Kinder verlieren ihre Eltern und die Menschen haben noch lange Jahre lang einen solchen Hass aufeinander, dass sie nicht einschlafen können, ts, ts, ts. Wird denn die Welt nie schlauer!«

Jona schenkte sich Milch ein.

»Und habe ich dir schon vom Bergland erzählt?«, sagte der Wanderer zwischen zwei Bissen Brot. Jona schüttelte den Kopf und war sich nicht sicher, ob er die Neuigkeiten vom Bergland auch noch hören wollte. Doch der dunkle Wanderer erzählte schon weiter.

»Die holzen den gesamten alten Wald in den Bergen ab! Die ganzen alten Bäume, die schon seit Hunderten von Jahren dort stehen, alle werden sie umgehauen!«

»Wie blöd kann man denn sein!«, rief Jona, nahm erbost einen tiefen Schluck Milch und murmelte dann ein leises Ts-ts-ts in sich hinein. Überall nur schlimme Neuigkeiten! Und dabei hätte Jona sich eigentlich noch freuen können, denn wenn es zu seiner Zeit schon Fernsehen und Radio gegeben hätte, dann hätte er noch viel mehr Schreckensnachrichten zum Frühstück serviert bekommen, so viele, dass er sie längst nicht mehr hätte verdauen können. Den ganzen Tag hätte Jona dasitzen und »ts, ts, ts« machen können, hätte er einen Fernseher gehabt.

Ganz klar, die Welt war schlecht, das wusste Jona. Und wenn er dem Wanderer Glauben schenken konnte, dann wurde sie von Tag zu Tag schlechter.

»So«, sagte der Wanderer schließlich, wischte sich den Mund ab und lehnte sich zufrieden zurück. »Dein Brot hat gut getan!«

Jona war froh, dass der Wanderer endlich satt war. Jetzt würde er sicher bald weiterziehen und keine Schreckensmeldungen mehr verbreiten. Und dann war wieder Ruhe!

»Wohin geht deine Reise jetzt?«, fragte er ungeduldig.

»Ach, hinauf in den Norden, zu meiner alten Mutter«, sagte der Wanderer. »Ich mache einen großen Bogen um Ninive, die schlimme Stadt. Und wenn alles gut geht, bin ich in vier Wochen da.«

Der Wanderer klopfte sich die Brotkrumen von den Kleidern, stand auf und reichte Jona die Hand. »Herzlichen Dank für deine

Gastfreundschaft«, sagte er, nahm seinen Stecken, hob noch einmal grüßend die Hand und machte sich wieder auf den Weg.

Puh! Endlich Ruhe! Jona schenkte sich noch einen Becher Milch ein. Was hatte der Fremde gesagt? Er wollte einen großen Bogen um Ninive machen! Jona hatte schon einiges von der großen grauen Stadt in der Ferne gehört. Ninive! Dort sollte es am schlimmsten sein, und wenn Jona an Ninive dachte, dann machte er ganz automatisch »ts, ts, ts«.

Der große Fluss sollte sich dort stinkend bis ins Meer wälzen, verdreckt von Abwasser und Müll. Fische sollte man dort nur zu sehen bekommen, wenn sie tot mit dem Bauch nach oben den Fluss hinuntertrieben, vergiftet vom schwarzen Wasser. Dunkel und eng standen die Häuser in Ninive, so sagte man sich. Und abends trauten sich die Mädchen nicht auf die Straße, weil sie überfallen werden könnten. Tag für Tag war ein ohrenbetäubender Lärm in dieser Stadt. Wie es stampfte und polterte, wie es lärmte und dampfte und rauchte, das konnte man sich aus der Ferne kaum vorstellen! Denn in dieser Stadt schufteten Tausende armer Menschen aus allen Ländern dieser Welt. Sie färbten Stoff und schmiedeten Eisen und backten Brot und machten all die Drecksarbeiten, die die reichen Menschen für ihr reiches Leben in ihren reichen Parks und Villen brauchten. Und die Reichen wurden immer reicher und befahlen den anderen, noch mehr für sie zu arbeiten und noch mehr Wälder zu fällen und noch mehr Länder zu erobern und gaben ihnen dafür Schwerter und Spieße. Ja, so eine Stadt sollte Ninive sein!

Gerade wollte Jona an diesem Morgen einen weiteren Schluck von seiner Frühstücksmilch trinken, da hörte er Gottes Stimme. Und man wird sich leicht vorstellen, dass jemand, der vollkommen unerwartet aus heiterem Himmel Gottes Stimme hört, vor Schreck seine Frühstücksmilch verschüttet. Jona jedenfalls prustete in die Milch und ließ seinen Becher fallen.

»Mach dich auf und geh in die große Stadt Ninive«, hörte er Gott sagen.

In sich hörte er es und über sich hörte er es und hinter sich und vor sich und neben sich. Er presste die Hände auf die Ohren, doch es half nichts. Unheimlich.

»Jona«, sagte Gott, »ich möchte, dass du mein Bote bist. Sage der Stadt: Schlecht ist alles, was sie tut! Ich habe beschlossen, sie hart zu bestrafen! Ich werde Ninive vernichten!«

»Warum ich?«, rief Jona aus.

Doch nun war wieder alles still in ihm.

Hatte er richtig gehört? Er sollte nach Ninive? Ausgerechnet Ninive!

»Warum ich?«, stammelte er fassungslos. »Sollen doch andere gehen, es gibt doch genug Menschen auf der Welt. Und dann: Was kann ich schon ausrichten! Gegen Habgierige und Kriegstreiber, gegen Machtmenschen und Sklavenhalter kann ich nichts tun. Sie werden sich kaputtlachen über mich.«

Jona dachte nach. »Vielleicht hat Gott nur allgemein gesprochen, sozusagen ins Blaue hinein. Vielleicht hat er mich gar nicht gemeint. Vielleicht wollte er eigentlich sagen, irgendjemand müsste mal prinzipiell in nächster Zeit in Ninive vorbeischauen, einfach irgendjemand, und der müsste mal irgendwann denen aus Ninive sagen, dass wahrscheinlich alles aus ist, wenn sie so weitermachen. Warum sollte Gott genau mich gemeint haben und warum sollte er glauben, dass ich, der kleine Jona, irgendetwas ausrichten könnte?«

Aber Jona glaubte sich selbst nicht. Er hatte Gottes Stimme gehört, und Gott hatte nicht von irgendjemandem gesprochen, sondern von ihm, von Jona.

»Er hat *mich* gemeint«, sagte er schließlich leise. »Und wenn er mich gemeint hat, dann erwartet er nun, dass ich nach Ninive gehe, aber das ... das ... das wäre ja furchtbar! Ich – nach Ninive!«

Jona blickte in die Ferne, Furcht in den Augen, Fluchtgedanken hinter der Stirn.

»Ich muss weg hier!«, rief er plötzlich. »Ich will Gottes Stimme nicht mehr hören. Ich will irgendwohin, wo mich keiner kennt. Wo ich machen kann, was ich mag. Wo ich in Ruhe leben kann. Wo mich Gott nicht sieht.«

Das Meer

Eilig wusch er seinen Frühstücksbecher ab, packte einige Kleider in ein Bündel, nahm ein Stück Brot und ein Stück Käse als Proviant, trat auf die Straße und schloss ein letztes Mal seine Haustür hinter sich zu. Unruhig ließ er den Blick die sonnige Straße hinauf- und hinunterwandern. Niemand sollte ihn sehen, selbst seine Freunde nicht. Nie-

mand sollte wissen, dass er floh. Die Straße lag leer und verlassen vor ihm.

Nichts wie los.

»Ich trickse euch alle aus«, lachte Jona in sich hinein, als er um die Ecke bog und sein Haus schon nicht mehr sehen konnte. »Auch dich, Gott. Ich laufe einfach los bis zum Hafen in Jafo und tue so, als würde ich nach Ninive fahren. Aber dann! Dann nehme ich mir ein Schiff in die entgegengesetzte Richtung, nach Tarschisch zum Beispiel, und dann tauche ich unter. Dann habe ich meinen Frieden.«

Jona lief, so schnell er konnte und so weit ihn seine Füße trugen. An Feldern lief er vorbei, an Wiesen, Blumen, Bäumen. Endlos lag die Straße vor ihm, die Straße, die in die Ferne führt. Durch düstere Wälder führte sie ihn, Wälder, in denen tags die Sonne nicht auf den Boden reichte und in denen nachts die Käuzchen dicht über seinen Kopf flogen. Entlang an lustigen Bächen führte ihn seine Straße, Bächen, in deren klarem Wasser die Forellen standen und nach Mücken schnappten. Über grüne Hügel führte ihn sein Weg, auf denen fremde Dörfer lagen und über die neugierige Hunde ihm entgegenliefen.

Schon nach zwei Tagen kannte er die Namen der Dörfer nicht mehr. Da atmete er tief durch und fühlte sich langsam wieder ein wenig sicherer. Hier kannte ihn niemand.

»Wann kommt wohl das Meer?«, fragte er sich. Jenseits des Meeres wäre er wohl ganz und gar in Sicherheit.

Nach sieben Tagen und sieben Nächten kam er ans Meer. Das Meer! Das Meer war viel größer, als er es sich vorgestellt hatte. Es war so weit, dass ihm die Spucke wegblieb. Blau und groß und ewig war es. Still lag es da und schien auszuruhen. Leicht und gleichmäßig rollten die Wellen heran, überschlugen sich am Strand und zogen sich leise schäumend wieder zurück. Und in der Ferne war nichts zu sehen, nur diese feine blaue Linie am Horizont, das Meer.

»Das also ist das Meer«, sagte Jona leise. Und ehrfürchtig leckte er sich Salz, das der Meerwind herübergetragen hatte, von den Lippen.

Am Hafen in Jafo fragte er sich durch, bis er ein Schiff fand, auf dem er nach Tarschisch mitfahren konnte. Alles lief nach Plan. Jona rieb sich die Hände, als das Schiff ablegte. Er rollte sich auf einer schwankenden Hängematte im Schiffsbauch zusammen und schloss zufrieden die Augen.

Doch das Meer blieb nicht ruhig. Kaum war das Schiff ausgefahren, da erwachte es, schüttelte den Schlaf aus den Wellen und begann zu brüllen. Das blaue Wasser wurde grau. Blitze zuckten über den fernen Horizont. Bald schaukelte das Schiff auf dem Weg nach Tarschisch bedenklich, bald schon neigte sich der Mast sorgenvoll nach beiden Seiten und die Matrosen klammerten sich ängstlich an die Reling.

Nur Jona schlief unten im Schiffsbauch und merkte nichts.

Immer heftiger toste der Sturm, der Wind heulte in den Ohren, und manch alter Seebär heulte heimlich mit, vor Angst im schwarzen Wasser zu ertrinken. So einen Sturm hatte noch keiner erlebt.

Schwarz war die Welt, und überall nichts als Wasser. Kein Land in Sicht! Viele hoben die Hände und schrien zu Gott. Doch Gott schien nicht zu hören.

Nur Jona schlief weiter, wild gewiegt im Schiffsbauch.

Da begannen die Seeleute, ihre Schiffsladung ins Wasser zu werfen, die kostbaren Stoffe und Gewürze, die Teppiche und Fässer voll mit Wein. Hoffentlich wurde das Schiff jetzt leicht genug, um über die Wellen zu schwimmen! Und als die Seeleute alle Stoffballen und Fässer ins Wasser geworfen hatten, fanden sie ganz hinten im Schiffsbauch den schlafenden Jona.

Wütend schüttelten sie ihn wach.

»Wie kannst du schlafen!«, rief der Kapitän. »Steh auf und bitte deinen Gott, unser Schiff nicht untergehen zu lassen!«

Doch Jona starrte ihn nur an und drehte sich zur Wand.

Wütend standen die Seeleute um ihn herum und rauften sich die Haare. Es war noch immer kein Land in Sicht und keine Rettung, und hier lag einer, der nicht beten wollte!

»Lasst uns losen«, sagte der Kapitän. »Vielleicht haben wir irgendeinen unter uns, den Gott nicht mag, und um dessentwillen er uns diesen Sturm schickt und uns alle untergehen lässt.«

Gesagt, getan. In ihrer Todesangst losten die Seeleute, um herauszufinden, wer an ihrem Unglück schuld sei.

Das Los fiel auf Jona.

Der lag immer noch mit dem Rücken zu ihnen und starrte gegen die schwankende Wand.

»Nun?«, murrten die Seeleute. »Sag uns, was los ist! Wo kommst du her? Und warum bist du auf unserem Schiff?«

Da drehte sich Jona langsam zu ihnen um.

»Ich bin ein Hebräer«, sagte er und erzählte ihnen seine Geschichte, und dass er auf der Flucht war, auf der Flucht vor Gott.

Auf der Flucht vor – Gott?

Niemand wagte zu atmen. Bis einer, ein großer Muskelmann, plötzlich hinausbrüllte, beinahe lauter als der Sturm draußen: »Warum hast du das getan? Und warum bist du auf unser Schiff gekommen?«

Jetzt schrien sie alle durcheinander, bis der Kapitän die Hand hob und sie zum Schweigen brachte.

»Und was sollen wir jetzt mir dir tun?«, fragte er. »Es sieht so aus, als wärst du der Grund für diesen grauenhaften Sturm!«

Da dachte Jona noch einmal daran, wie er seinen Frühstücksbecher abgespült hatte und seine Haustür für immer verschlossen und wie er losgezogen war, um vor Gott zu fliehen. Und dann dachte er daran, dass er Gott nicht hatte abschütteln können, sondern dass Gott nun ihn schüttelte auf diesem hilflosen Schiff, bis er ins kalte Meerwasser fiel. Und als er das alles gedacht hatte, sah er die Seeleute an und sagte mit fester Stimme: »Nehmt mich, werft mich ins Meer. Dann wird sich der Sturm legen. Ja, ich weiß, ich bin's, nach dem das Wasser brüllt.«

Die Seeleute sahen sich an, als sie das hörten, und bissen sich auf die Lippen, denn sie wollten keine Mörder sein. Aber andererseits – was sollten sie machen? Alles hatte nichts genützt. Sie hatten das Schiff leichter gemacht, sie hatten gerudert, sie hatten gebetet. Jetzt waren sie am Ende ihrer Kraft. Was Jona ihnen vorschlug, schien eine gute Lösung zu sein. Einer stirbt für alle.

»Nehmen wir ihn«, murmelten sie sich zu. Und sie packten Jona, trugen ihn nach oben an Deck, wo der Wind sie fast weggerissen hätte, sie hielten ihn über die Reling gegen den Sturm und warfen ihn hinunter ins Meer.

Jona spürte, wie er fiel.

Dann schlugen die Wellen über ihm zusammen.

Die Seeleute starrten ihm nach, hinaus aufs wirbelnde Wasser, das den kleinen Hebräer verschluckt hatte. Und es schien, als wäre das Meer besänftigt, oder vielmehr Gott. Wer wusste das schon so genau. Die Wellen jedenfalls wurden kleiner und der Wind ließ nach. Und in einigen Tagen würden sie in Tarschisch ankommen.

Der Fisch

Als Jona hinabgeworfen wurde ins kalte Wasser, ging er sofort unter. Über ihm, unter ihm, neben ihm, überall brodelte das Wasser. »Es ist aus«, dachte er. »Jetzt ist alles aus.« Doch während er noch dachte, kam ein hausgroßer Fisch und verschluckte ihn und eh er sich's versah, saß er im Fischbauch. Dunkelheit war rings um ihn. Aber er lebte.

Tief unten, mitten im schwarzen Wasser, dort, wo die See am kältesten ist, tief dort unten, wo niemand weiß, wie es ist, saß Jona, geborgen in einem Fisch. Wie ein ungeborenes Kind lag er im Bauch des Riesenfischs, gewiegt von den Wellen, die über ihm zusammengeschlagen waren. Jetzt hatte er seine Ruhe. Hier würde ihn niemand mehr finden. Auch Gott nicht. Aber Jona fand Gott.

Drei Tage und drei Nächte war er im Bauch des Fisches, unten im Meer, still, verlassen, aber geborgen, nass, aber lebendig. Drei Tage schwieg Jona, aber dann –

Wer an diesem Tag am Strand gestanden hätte und die Hand ans Ohr gehalten hätte, der hätte ein Wunder hören können, der hätte hören können, wie sich leise, ganz leise und unscheinbar ein kleiner Gesang aus den Wellen hob. Zuerst wunderten sich die Fische, denn irgendetwas war anders bei ihnen, unten im rauschenden Meer.

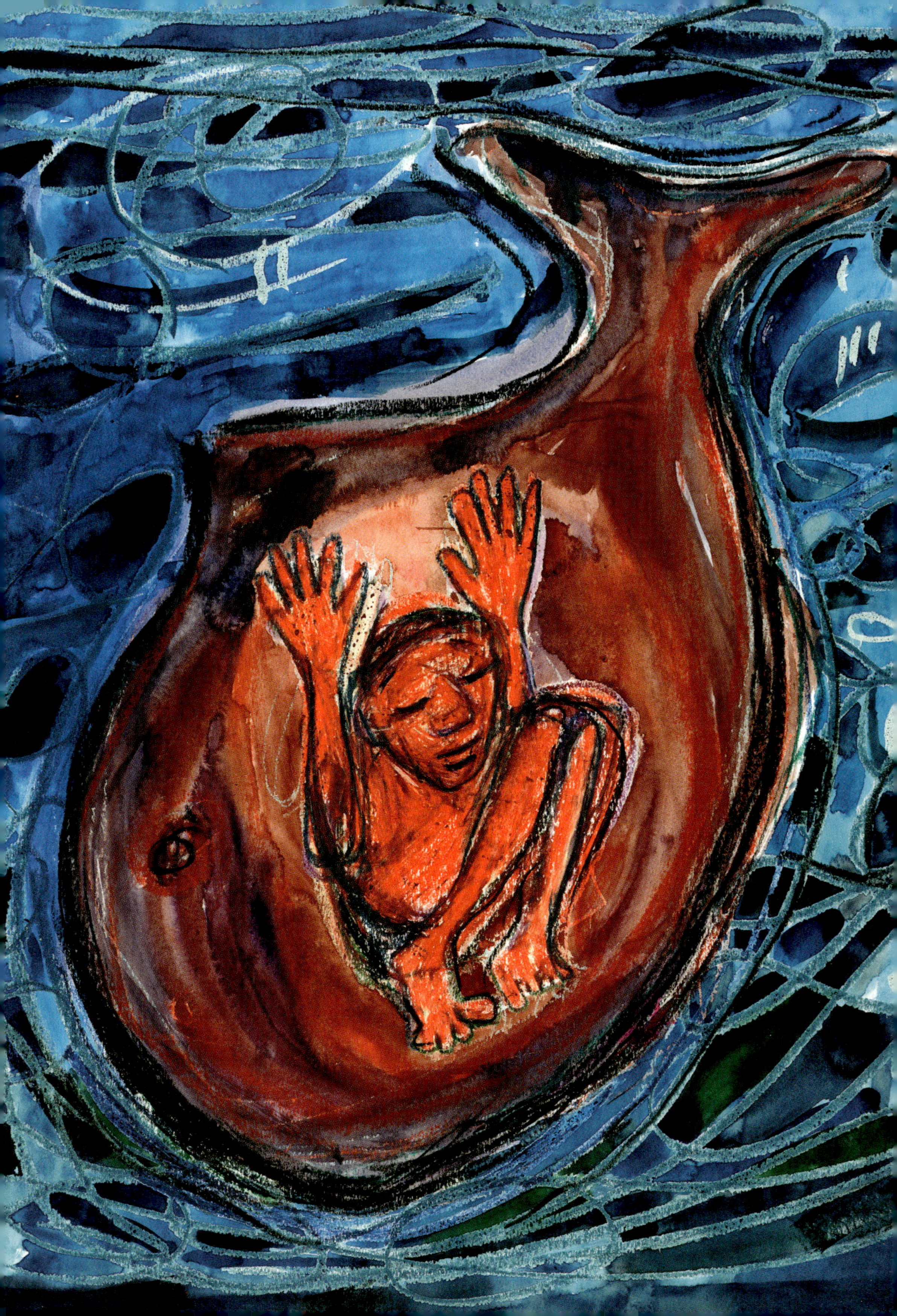

Dann klappten die Muscheln ihre Schalen auf und lauschten überrascht in die Wellen, und die Möwen verharrten im Flug. Mitten aus der Tiefe des Meeres, mitten aus dem Bauch eines Fisches, schwebte ihnen Gesang entgegen.

Da in der Tiefe sang einer von Gott, und der da sang, war natürlich Jona. Er sang vom Leben und vom Tod, von Wasser und von Land. Er sang davon, dass die Wellen und Wogen des Lebens über ihm zusammengeschlagen waren, und doch bist du bei ihm, Gott. Er sang davon, dass ihm die Luft ausging in seinem Leben, und doch gabst du ihm Atem, Gott. Er sang davon, wie du, Gott, ihn aus dem Verderben führst, hinaus zum Leben, wie tief unten auch immer er ist.

Da spuckte der Fisch Jona an Land.

Wie ist es, neu geboren zu werden? Noch einmal auf die Welt zu kommen? Ein ganz neues Leben anzufangen? Wieder Land unter den Füßen zu haben? Aufatmen zu können?

Jona stand am Strand und atmete tief durch. Er wusste nun, was er zu tun hatte. Er würde jetzt in die große Stadt Ninive gehen und seine Botschaft ausrichten. Er würde nicht mehr weglaufen, denn er hatte Gott gefunden.

Und wieder zog er los, diesmal in die andere Richtung, Richtung Ninive.

Ninive

Ninive war noch viel größer, als er es sich jemals hatte vorstellen können. Überall war Ninive. Drei Tagesmärsche groß war die Stadt. Eng waren die Straßen, enger noch, als seine Freunde es sich erzählt hatten. Der Himmel war schwarz vor Lärm und Gestank und Rauch und Verderben. Der Fluss war übersät mit faulem Fisch und die Menschen hasteten durch die Straßen und gingen wichtigen Geschäften nach, und hatten, verstrickt in ihre wichtigen Gedanken, ganz tote Augen.

»Das also ist Ninive«, sagte Jona bang und wollte am liebsten wieder an seinem Tisch in seinem Haus sitzen und Milch trinken, doch es gab kein Zurück.

Jona stellte sich auf die Straße und sagte, was Gott ihm aufgetragen hatte.

»Noch vierzig Tage«, schrie er den hastenden Menschen entgegen, »dann wird die Stadt untergehen.«

Noch vierzig Tage zum Leben, zum Atmen, zum Laufen, zum Frühstücken und Abendessen, zum Kochen, zum Kinderkriegen und Sterben. Noch vierzig Tage, sich zu sagen, was man schon immer einmal sagen wollte. Noch vierzig Tage zum Lieben, Weinen, Trösten, Lachen, Spielen, Hüpfen, Rennen, Schwimmen, noch vierzig Tage, um Schnupfen zu haben und sich zu schnäuzen, um zur Schule zu gehen, um den borstigen Hund mit dem buschigen Schwanz zu streicheln, um durch den hohen Wald zu streifen, um die Strahlen der Sonne auf der Haut zu spüren, um den Duft von frisch gemähtem Gras einzusaugen, um den Geschmack von Pfefferminztee auf der Zunge zu spüren, um den wehmütigen Gesang der Vögel abends von den Dächern zu hören, um sich zu fragen, wie die grauen Haare der Oma aussehen, wenn sie nicht zu einem Knoten gebunden sind. Noch vierzig Tage und keinen Tag mehr. Noch vierzig Tage. Stell dir vor. Dann wird die Stadt untergehen.

Was war das? Die Menschen von Ninive taten genau das Gegenteil von dem, was Jona erwartet hatte. Sie lachten nicht über ihn und verspotteten ihn nicht und zeigten nicht mit dem Finger auf ihn. Sie ließen ihn nicht gefangen nehmen und für verrückt erklären. Sondern sie standen vor ihm und hörten ihm zu und glaubten ihm. Sie sahen sich plötzlich selbst mit anderen Augen und sie sahen zum ersten Mal seit langem ihre Stadt wieder mit wachem Blick. Was sahen sie? Sie sahen die rauchenden Schornsteine, die toten Fische, die abgestorbenen Bäume, die von der Arbeit gebeugten Menschen. Sie sahen die Angst in den Augen der Unterdrückten und Ausgebeuteten, sie sahen die Ermordeten, sie hörten das Waffenklirren, das ihnen schon so vertraut war wie ihr eigener Atem. Sie sahen, alles war falsch gelaufen, und es war ihre Schuld.

Und als sie all das gesehen hatten, warfen sie sich auf den grauen Boden und weinten. Über sich und über die Welt. Ja, die Leute von Ninive weinten.

Sie zerrissen ihre Kleider, sie zogen sich alte Säcke an und streuten sich Asche auf ihr Haupt. Quer durch alle Straßen, quer durch die ganze große Stadt, alle, groß und klein, vom Straßenkehrer bis zum Bürgermeister gingen sie in alten Säcken, weil sie Hoffnung hatten, dass Gott sich erbarmen würde. »Wer weiß«, dachten sie, »vielleicht wendet er seinen Zorn noch einmal ab, wenn er sieht, dass wir unseren Weg ändern wollen?«

Jona wusste nicht, sollte er sich über seinen Erfolg freuen oder ärgern? Sollten ihm die Menschen in Ninive Leid tun oder sollte er hämisch sagen: »Seht ihr, das habt ihr jetzt davon, ich hab es ja schon immer gesagt, was ihr macht, ist falsch, ts, ts, ts!«

Auf alle Fälle konnte er einigermaßen zufrieden mit sich sein. Er hatte ganze Arbeit geleistet und seine Botschaft ausgerichtet. Und

jetzt nichts wie weg von hier! Schließlich würde Gott seine Drohung wahr machen und die Stadt vernichten!

Aber zusehen wollte Jona doch. Er verließ die Menschen, die in Sack und Asche gingen und zu Gott riefen, er verließ die Straßen, in denen die Arbeit ruhte und der schwarze Rauch langsam verflog, ging durch das Stadttor hinaus, wanderte auf einen Hügel im Osten von Ninive und setzte sich dort hin, um zuzusehen, wie Gott seine Botschaft in die Tat umsetzen würde.

Vierzig Tage lang saß Jona fröhlich auf seinem Hügel und wartete auf den großen Knall, auf Gottes großen Auftritt, darauf, wie er mit Feuer und Donner die große Stadt in Schutt und Asche legen würde – wie Gott es der Menschheit zeigen würde!

Am vierzigsten Tag wurde Jona unruhig. Nichts geschah. Hatte er sich vielleicht verzählt?

»Na gut«, grummelte er, »ich warte noch einen Tag.«

Doch am einundvierzigsten Tag geschah immer noch nichts, außer dass er singende Menschen in der Stadt hörte. Am Ende feierten die da unten in der Stadt schon ihre Rettung! Das konnte doch nicht wahr sein!

Jona sprang auf und schüttelte die Fäuste in Richtung Himmel. Wozu hatte er den weiten Weg hierher gemacht und all die Mühen auf sich genommen?! Doch nicht, damit die da unten in Ninive feierten und tanzten!

»Gott«, schrie er wütend. »Hörst du mich? Wo ist der große Knall? Wo ist deine Macht? Du lässt die Gottlosen unbestraft! Du lässt die Bösen böse sein! Du lässt die Panzer rollen und die Bomben fallen, du lässt die Viehwagen rollen und Menschen abtransportieren, du lässt alles zu, alles, alles, alles lässt du zu! Und wie stehe ich jetzt da? Ich, dein Bote? Du machst mich lächerlich!«

Dann ließ er sich auf den Boden fallen und wollte vor Enttäuschung am liebsten sterben. Doch er starb nicht. Das machte ihn noch wütender, obwohl er natürlich auch irgendwie froh war, am Leben zu sein. »Ich habe ein Recht, wütend zu sein!«, sagte er sich immer wieder vor. »Ich lasse mich nicht an der Nase herumführen von diesem Gott! Ich bleibe hier sitzen und warte auf den Untergang von Ninive! Ich habe ein Recht darauf.«

Den ganzen Tag lag er unbeweglich auf seinem Hügel und die Sonne brannte hart auf ihn herunter, doch er wartete und wartete. Trotzig und hart wartete er darauf, dass Gott doch noch seine Drohung wahr machen würde und vielleicht Blitz und Feuer vom Himmel schicken würde, um die Stadt zu vernichten. Den ganzen Tag und die ganze Nacht wartete er, doch nichts geschah.

Als er sich aber am nächsten Morgen umsah, da war hinter ihm ein großer Rizinusstrauch gewachsen, ein Strauch mit großen frischen grünen Blättern. Unter dem konnte man gut sitzen und auf bessere Gedanken kommen und Jona freute sich sogar ein wenig über den Strauch und setzte sich darunter und kam auf andere Gedanken. Er war schon nicht mehr ganz so böse auf Gott. Vielleicht würde ja morgen die Stadt untergehen!

Doch über Nacht kam ein Wurm und fraß den Strauch an, und als Jona wieder aufwachte, hingen die Blätter schlaff und kraftlos herunter. Und es schien Jona, als würde die Sonne viel heißer als je zuvor auf seinen Kopf herabbrennen, und er bekam Durst nach Wasser und nach Gerechtigkeit. Er konnte nicht einmal mehr »ts, ts, ts« sagen, so wütend wurde er plötzlich. Alles lief schief! Sogar der schöne Strauch, der ihm Schatten gegeben und ihn in seinen Duft gehüllt hatte, verdorrte einfach! Es war nicht zum Aushalten mit dieser Welt!

Da hörte er Gott wieder: »Warum bist du zornig?«

»Da fragst du noch?«, schrie Jona laut und jetzt sprudelte es nur so aus ihm heraus. »Dieser schöne Strauch wurde über Nacht von irgendeinem fiesen Wurm gefressen und jetzt habe ich keinen Schatten und immer noch leben die Menschen in Ninive und dabei hast du gesagt, dass du sie nach vierzig Tagen alle ins Verderben schicken wirst. Das ist alles so ungerecht! Da soll ich nicht zornig werden?«

Da sagte Gott: »Dir tut der Strauch hier Leid, den du nicht gepflanzt hast, den du nicht großgezogen hast und nicht gepflegt, sondern der in einer Nacht gewachsen ist und in einer Nacht wieder verdorrt. Und mir sollen die Menschen in Ninive nicht Leid tun? Mir soll eine so große Stadt nicht Leid tun, voller Menschenkinder, die nicht wissen, wo rechts und links ist und was gut und böse heißt?«

Jona stand da und wusste nicht, was er denken sollte. Und während er noch so stand und Gottes Stimme ihm im Kopf klang, da fühlte er sich plötzlich leicht und frei. Er war es gewesen, der die Stadt gerettet hatte! Ja! Wenn er, Jona, sich nicht aufgemacht hätte, wenn er Gottes Auftrag nicht ausgeführt hätte, dann wären die Menschen von Ninive dunkel und böse geblieben und hätten es nicht einmal gemerkt! Gottes Gerechtigkeit ist mehr als Strafe!

Und Jona lächelte still in sich hinein.

Sternenfänger

★ ★ ★

Eine Weihnachtsgeschichte

»Siehst du das?«, fragt Simon und späht durch das kahle Gebüsch in den frühen Abendhimmel.

Ich nicke stumm und packe vor Aufregung seinen Arm. Die Dunkelheit liegt heute schwer über unseren Hügeln, doch dort hinten, weit über dem Bergrücken, ist ein riesengroßer Stern aufgegangen.

»Er hat einen Schweif«, sage ich. Mir ist eiskalt und ich schlage mein Tuch enger um den Hals, aber der Wind fährt mir trotzdem unter die Jacke. Ich heiße Anna, und Simon ist mein bester Freund. Obwohl er ein Jahr älter ist als ich, sind wir genau gleich groß.

»So einen Stern gibt es eigentlich gar nicht«, stellt Simon fest.

»Vielleicht ist es eine Sternschnuppe von ganz nah«, schlage ich vor.

»Aber die müsste doch bald herunterfallen«, antwortet Simon.

Wir hatten gerade unser Baumhaus fertig gebaut und uns auf den Heimweg machen wollen, als Simon plötzlich diesen hellen Stern entdeckt hat. Mir ist ganz unheimlich zumute.

»Was ist, wenn diese Sternschnuppe tatsächlich bald herunterfällt?«, frage ich. Simon schluckt und sagt nichts darauf.

»Vielleicht weiß es Grauhirte«, schlage ich vor. Grauhirte ist einer von den Hirten, die drunten hinter den Weiden ihre Hütten haben, gleich neben der langen Steinmauer, bei der auch Simon und seine Familie wohnen. Der Grauhirte heißt Grauhirte, weil er schon so alt ist. Und weil er schon so viel erlebt hat, weiß er alle Geschichten, die man wissen kann, aber das wiederum wissen nur wir Kinder. Die Großen halten den Grauhirten glaube ich für ein wenig verrückt. Wenn mein Vater wüsste, wie oft wir bei ihm sitzen und seine Geschichten anhören, würde er mich wahrscheinlich schlagen, denn er ist ein harter Mann und versteht mich nicht.

»Gut«, meint Simon, »gehen wir zu ihm.«

Dunkel stehen die Hügel im Abend und die Kälte kriecht aus den Gräben und Mauerritzen. Wenn du den schmalen Pfad hinuntergehst, den wir jetzt eingeschlagen haben, kannst du oben auf dem Hügelkamm die Häuser von Betlehem stehen sehen, zusammengekauert am Hang. Links schlängelt sich die Straße von Jerusalem heran und rechts führt sie weiter in die Ferne. Im letzten bleichen Abglanz des Himmels kann ich einen Trupp Römer erkennen, mit ihren Helmen und Lanzen, wie sie eilig Richtung Jerusalem marschieren. Kein Wunder, wenn es Nacht wird, fühlen sie sich nicht mehr wohl bei uns und haben Angst von den Rächern überfallen zu werden.

»Mäh – mäh«, höre ich die Schafe hinter der Steinmauer blöken. 199

Aus der niedrigen Hütte vor uns scheint ein kleines Licht. Es riecht nach Feuer.

»Sind Abendgeister unterwegs?«, fragt Grauhirte, als wir unsere Köpfe durch die halb offene Tür zu ihm hineinstecken. Er sitzt am Feuer, während vor ihm ein dampfender Becher mit heißen Kräutern steht.

»Guten Abend, Grauhirte«, sage ich, denn jeder sagt zu ihm einfach Grauhirte. Wie er richtig heißt, weiß wahrscheinlich nur noch Grauhirte selbst.

»Nur herein, nur herein.« Grauhirte winkt uns zu sich.

Simon zupft ihn aufgeregt am Arm. »Draußen am Himmel steht ein heller Stern mit einem Schweif, hast du ihn schon gesehen?«

»Nein«, sagt Grauhirte und rührt weiter in seinem Becher.

»Du musst ihn dir unbedingt anschauen!«, rufe ich und zerre ihn von seiner Bank.

Ächzend steht er auf und humpelt zur Tür. »Kinder, Kinder«, lächelt er, »was erzählt ihr für Märchen.« Aber dann erstarrt er. Denn jetzt sieht er den Stern auch.

»Und? Was meinst du, was das für ein Stern ist?«, frage ich ungeduldig. »Du weißt doch alles!«

Grauhirte wischt sich mit der Hand über die Augen und lässt sich langsam auf die Türschwelle sinken.

»Der Stern ist da«, flüstert er.

»Was weißt du über den Stern?« Ich schaue verzweifelt zu Simon hinüber und sehe, dass er genauso ungeduldig ist wie ich.

Grauhirte winkt uns noch näher zu sich und flüstert: »Es wird der Stern Bileams sein!« Wie er so auf seiner Türschwelle kauert und uns verschwörerisch zublinzelt, denke ich, er ist wirklich ein bisschen verrückt.

»Der Stern Bileams?«, fragt Simon erstaunt.

»Der alte Seher Bileam hat es verkündet: Es wird ein Stern aufgehen und ein König aus Israel aufkommen.« Grauhirte nickt bedächtig, und in seinen Augen sehe ich etwas glitzern.

»Eine Prophezeiung?«, frage ich.

Grauhirte nickt. »Dunkelheit liegt über der Welt. Aber viel ist in Bewegung«, murmelt er und es scheint, als habe er uns völlig vergessen. »Die Armen dieser Welt ächzen, die Kranken schreien nach Heil, mehr als das aber hungern und dürsten wir Menschen nach Gerechtigkeit!«

»Aber was soll denn diese Prophezeiung dieses Bileams heißen?«, frage ich und stupse ihn an.

»Dass der Messias kommt«, sagt Grauhirte schlicht.

»Was?« Erstaunt sehen Simon und ich uns an. Du musst wissen, dass seit Menschengedenken alle hier bei uns auf den Messias warten, den Retter von Gott. Schon die Großmutter meiner Großmutter hat auf ihn gewartet und deren Großmutter auch, aber nie, nie, nie ist er gekommen! Er ist ein Märchen, glaube ich, nichts weiter. Aber manchmal, in dunklen Nächten, wünsche auch ich mir so sehr, dass er kommt und mich rächt hier in dieser ungerechten Welt! Mit flammendem Schwert würde er kommen, und meinem Vater würde die Hand gefrieren, wenn er mich schlägt, und die Römer würden vertrieben werden! Wie David würde der Messias Riesen fällen und uns wie Mose in eine bessere Welt führen! Manche sagen sogar, es kommt gleich Gott selbst!

»Das glaubst du wirklich?«, fragt Simon. »Mit diesem Stern soll der Messias kommen?«

Grauhirte nickt. »Ja, das glaube ich wirklich. Hilf mir, mein Junge! Wir müssen los!«

»Wir müssen los? Nein, wir müssen nach Hause!«, sage ich und denke an meinen Vater, der sicher schon wieder wütend ist, weil ich so spät in der Nacht noch draußen bin.

»Du kannst heute Nacht nicht nach Hause gehen, Anna!«, keucht der alte Grauhirte und packt seinen Stock. »Neues beginnt! Unser Retter kommt auf die Welt! Wir müssen ihn suchen gehen!«

Simon blinzelt mir zu und ich blinzle zurück. Sollen wir ihm nun glauben oder nicht? Auf jeden Fall ist es sehr spannend, an einem solchen Abend mit einem solchen geschweiften Stern einfach nicht nach Hause zu gehen!

»Ich will wenigstens bei meinen Eltern vorbeischauen und Bescheid geben«, meine ich. »Gehen wir hinauf nach Betlehem.«

»Gut«, lächelt der alte Grauhirte, »wenn wir den Messias suchen, können wir getrost auch bei uns in Betlehem anfangen. Schließlich steht der Stern auch über Betlehems Hügel!«

Und so machen wir drei uns gemeinsam auf, nach dem Messias zu suchen.

Droben in Betlehem ist noch viel los.

Seit die große Zählung befohlen wurde, kommen hier täglich Fremde durch, auf dem Weg zu ihrem Geburtsort. Denn der Kaiser im fernen Rom hat befohlen, ein jeder solle in seine Vaterstadt gehen, um sich eintragen zu lassen. Und wenn sich dann alle an ihrem Geburtsort eingetragen haben, dann weiß der Kaiser ganz genau, wie viele Menschen er unter sich hat und dann fühlt er sich wahrscheinlich mächtig und stark, denke ich mir. Mein Vater freut sich über den Befehl des Kaisers. Er ist der Wirt der großen Herberge gleich beim Tor, und jeden Tag sind Stall und Betten rappelvoll. Wenn mein Vater sich freut, dann ist er weniger gemein zu mir und zu meiner Mutter, und deswegen freue ich mich auch ein wenig über die große Zählung.

Als Simon, Grauhirte und ich um die Ecke biegen, sehen wir den blinden Johannes noch auf den Stufen vor der Herberge meines Vaters kauern. Die Decke über die Schultern gezogen sitzt er da, und es sieht so aus, als blicke er konzentriert in die Nacht. Aber das kann ja nicht sein, denn er ist ja blind.

»Johannes!«, rufe ich. »Was sitzt du noch hier draußen? Es ist schon dunkel!«

»Ah«, sagt Johannes, »meine kleine Anna kommt mich besuchen.«

Aus der Herberge höre ich raue Stimmen lärmen. Da, die laute Stimme meines Vaters! Mit wem schimpft er da? Mein Herz krampft sich zusammen. Da hinein will ich jetzt doch nicht.

Stattdessen setze ich mich neben Johannes. »Simon und Grauhirte sind auch da«, sage ich, und Grauhirte knurrt etwas.

»Ah«, sagt Johannes und blickt mit seinen leeren Augen wieder in die Nacht.

»Warum sitzt du hier, Johannes?«, frage ich noch einmal. »Heute wirft dir sicher niemand mehr etwas in deinen Hut.«

»Ich war mir nicht sicher, ob es schon Nacht ist«, sagt Johannes da mit einem merkwürdigen Ton in der Stimme. »Diese Nacht fühlt sich so anders an als sonst.«

»Es steht ein großer Stern am Himmel«, erzählt Simon eifrig und hüpft von einem Bein auf das andere. »So einen großen Stern hat noch niemand auf der Welt gesehen. Stell dir vor!«

»Grauhirte meint, es ist der Stern, der den Messias ankündigt«, sage ich.

»Ein Stern?«, fragt Johannes da mit zitternder Stimme. »Ein Licht in der Nacht? Grauhirte, was hat Jesaja, der Prophet, gesagt? Mache dich auf und werde licht und hell?«

»Ja«, sagt Grauhirte und keucht schwer, als er sich zu uns niederlässt. »Mache dich auf und werde licht, denn dein Licht kommt! Deswegen haben wir uns ja aufgemacht!«

»Was glaubst du, Johannes, wie es ist, wenn der Messias kommt?«, frage ich ihn.

»Ich weiß es nicht«, sagt Johannes. »Aber ich hoffe auf ihn, mehr als alles in der Welt! Mein Heiland! Die Alten sagen: Wenn der Messias kommt, werden die Blinden sehen und die Lahmen gehen und das Volk, das im Finstern wandelt, sieht ein großes Licht!«

»Mit ihm bricht das große Friedensreich an«, nickt Grauhirte.

Wandeln wir im Finstern?, frage ich mich. Sind wir das Volk, das gemeint ist? Und wie soll es gehen, dass Johannes wieder sehen kann?

In diesem Augenblick öffnet sich die Tür der Herberge, und wieder höre ich meinen Vater.

»Zum allerletzten Mal! Wer zu spät kommt, der kommt eben zu spät! Ich habe keinen Platz mehr! Und für euch armes Pack sowieso nicht!«

Mein Vater hält inne, weil er mich vor der Tür kauern sieht.

»Und du kannst dich gleich mit wegscheren«, brüllt er, »wo du schon dort unten beim Abschaum hockst! Wenn du meinst, du kannst kommen und gehen, wann du willst, bitteschön! Dann geh auch! Dir tut es ganz gut einmal zu spüren, wie kalt die Nacht ist. Dann fällt dir vielleicht ein, wie nett und warm dein Zuhause hier bei deinem Vater und deiner Mutter ist und dass du dich an unsere Regeln zu halten hast!«

Rumms, schlägt er die Tür zu, aber das sehe ich schon nicht mehr, weil mir die Tränen in die Augen geschossen sind! Wie ungerecht ist mein Vater! Und ich fühle mich so einsam auf dieser Welt. Abschaum hat er meine Freunde genannt!

Da spüre ich, wie Simon mich am Arm nimmt. »Du kannst heute Nacht zu meiner Familie kommen«, sagt er leise. Als ich das höre, ist es mir, als streichelte ein Engelsflügel über meine Backe, und es geht mir ein klein bisschen besser.

»Habt ihr die beiden gesehen?«, fragt Johannes da.

»Welche beiden?«, sage ich und schniefe noch ein bisschen.

»Na die beiden, die dein Vater hinausgeworfen hat! Einen Mann und eine Frau auf einem Esel.«

»Johannes!«, sage ich. »Woher weißt du das? Du bist doch blind!«

»Er hat aber Recht«, meint Simon neben mir. »Es waren ein Mann und eine schwangere Frau mit großen Augen.«

»Wie kann man eine schwangere Frau in dieser kalten Nacht weiterschicken!«, höre ich Grauhirte schimpfen. »Wo sind sie? Sie sollen bei mir übernachten!«

Wir schauen in alle Richtungen, aber niemand sieht die beiden. Ich bin mir sowieso nicht sicher, ob sie wirklich da waren, denn ich habe sie überhaupt nicht gesehen. Das kann aber auch daran liegen, dass ich ganz starr vor Schreck nur auf meinen wütenden Vater gestarrt habe.

»Was jetzt, sollen wir nach den beiden armen Leuten schauen und ihnen helfen oder sollen wir lieber nach dem Messias suchen?«, frage ich ratlos.

»Vielleicht ist das dasselbe«, murmelt Grauhirte.

»Nehmt mich mit«, sagt Johannes da.

Simon und ich schauen uns an. Johannes ist zwar sehr nett, doch mit ihm durch die Nacht zu gehen, wird sicherlich schwierig werden. Aber wenn wir nicht zusammenhalten, wie soll da Gott der Erde Frieden bringen, denke ich und sage: »Gut.«

Simon und ich helfen Grauhirte und Johannes auf. Johannes hält sich an meiner Schulter fest und ich führe ihn.

»Wohin jetzt?«, fragt Simon.

»Im Zweifelsfall dem Stern hinterher«, meint Grauhirte.

Und so ziehen wir weiter.

Erkennen wir den Messias überhaupt?, frage ich mich. Hat er ein flammendes Schwert? Und wird er sich überhaupt mit uns abgeben? Wird er nicht gleich nach Jerusalem reiten oder nach Rom und die große Armee vernichten und sich auf den Thron des Kaisers setzen? Wie ist es, wenn Gott auf die Welt kommt und mitten unter uns ist? Ist er schon da? Merken wir es nur nicht?

Gemeinsam gehen wir durch die dunkle Nacht, den Weg hinunter zu den Feldern. Einsam bellt ein Hund in der Nacht.

»Wo gehen wir hin?«, fragt Johannes hinter mir.

»Wir gehen den Hügel hinunter, vorbei an zwei Bäumen, die wie Gespenster aussehen«, erkläre ich ihm. »Dort oben auf dem nächsten Hügel brennt ein Feuer und wirft seinen Schein weit hinunter, fast bis zu uns. Um das Feuer tanzen die Schatten der kahlen Bäume. Dort oben werden Hirten sein, vermute ich.«

»Mit deiner Hilfe kann ich beinahe sehen«, lächelt Johannes hinter mir, und es ist mir, als sei die Nacht nicht mehr ganz so dunkel.

»Hejo, wer kommt?«, ruft einer der Hirten.

»Simon, Anna und Johannes und ich«, ruft Grauhirte zurück.

»Na, welch überraschender Besuch. Kommt nur her. Wir haben noch heiße Suppe und ihr seht mir sehr verfroren und hungrig aus!« Der Hirte winkt uns in den Kreis, und wir nehmen dankbar sein Angebot an und schlürfen heiße Suppe.

Vielleicht wirst du nicht glauben, was ich jetzt erzähle, aber genau so war es! Wir saßen da und wärmten uns am Feuer und Grauhirte drängelte schon, wieder weiterzugehen um den Messias zu suchen.

Da ist es, als bräche der Himmel auf!

Oder soll ich lieber sagen, die ganze Welt ist auf einen Schlag wie verwandelt, so freundlich lächelnd und vertraut?

Oder soll ich sagen, ich fühle mich plötzlich eins mit allem, was ist, mit Bergen, Bäumen und dem Himmel selbst?

Ein Schreck durchfährt mich, und ich denke, Heiliges ist hier!

Da steht einer in der Nacht!

Ich sehe, wie die Hirten um mich herum aufgesprungen sind, Simon, Johannes und Grauhirte auch, und da merke ich, dass ich auch aufgesprungen bin.

Da steht einer in der Nacht, schrecklich ist er und schön, fremd und hell und klar wie ein Stern.

»Fürchtet euch nicht!«, sagt er. Doch ich fürchte mich.

»Siehe, ich verkündige euch große Freude, die allem Volk widerfahren wird! Denn euch ist heute der Heiland geboren, welcher ist Christus, der Herr, in der Stadt Davids! Gott selbst kommt auf die Erde!«

»Das ist ein Engel«, denke ich. »Jetzt habe ich einen Engel gesehen!«

»Und das habt zum Zeichen«, fährt er fort. »Ihr werdet finden das Kind in Windeln gewickelt und in einer Krippe liegen!«

Und plötzlich sind da noch andere um den Engel her. Als wären die Sterne vom Himmel gekommen! Als wäre die ganze Welt in meinem Herzen! Als wäre ich die ganze Welt! Dort stehen sie, die Engel, dort rufen sie: »Ehre sei Gott in der Höhe und Frieden auf Erden bei den Menschen seines Wohlgefallens!«

Dann ist es still und die Nacht ist wieder kalt und dunkel. Nur der Stern mit dem Schweif winkt uns noch zu.

»Was war das?«, höre ich Gemurmel um mich her.

»Engel des heiligen Gottes«, wispern einige. Ehrfurcht liegt in der Luft. Ich sehe das Gesicht des Johannes vor Freude glänzen.

»Auf, auf«, sagt Grauhirte da, »habt ihr nicht gehört! Wir werden das Kind in einer Krippe finden!«

Und wieder ziehen wir los, Simon, Johannes, Grauhirte und ich, und die Hirten kommen alle mit.

»Ein Kind?«, denke ich. »Ist der Heiland ein Kind? Wird Johannes jetzt wieder sehen können?« Aber Johannes hat ja vorhin schon gesagt, mit meiner Hilfe könne er fast sehen, erinnere ich mich und muss leise lächeln.

Der Stern führt uns die nächtlichen Weiden hinunter und wieder hinauf, den dürren Wald entlang und hinab an den kleinen Bach. Dort steht der alte Stall. Und aus dem Stall scheint es hell. Unsicher bleiben wir alle stehen.

Da! Da drinnen schreit ein Kind!

Also trete ich vor und Johannes mit mir. Wir klopfen an die Tür.

»Herein«, höre ich von drinnen eine Frauenstimme.

Vorsichtig treten wir ein.

Wohnt hier Gott?

Dort liegt das Kind, in Windeln gewickelt, auf Heu und auf Stroh. Bei ihm sitzt eine Frau mit großen, warmen Augen, daneben ein Mann mit staunendem Blick.

»Das sind sie«, wispert Johannes neben mir, und Simon, der ebenfalls eingetreten ist, nickt. »Das fremde Paar aus der Herberge.«

Grauhirte ist niedergekniet und starrt das Kind an.

»So klein ist Gott«, höre ich ihn murmeln. »So verletzlich und klein.« Und ich verstehe plötzlich. Gott kommt nicht mit Flammenschwert auf die Welt, und sein Friedensreich beginnt mitten unter uns ganz klein. Wie habe ich denken können, Gott kommt als kämpfender König und Rächer!

»Jetzt kann ich beruhigt sterben«, sagt Grauhirte neben mir leise, »denn meine Augen haben den Heiland gesehen!«

Die Frau mit den großen Augen lächelt mir zu. »Wie heißt du?«

Ich schlucke und sage dann: »Anna.«

»Willst du das Licht dieser Welt einmal auf deinen Armen halten, Anna?«

Ich nicke und sie gibt mir ihr kleines Kind in die Arme! Es ist federleicht! Und ich habe solche Angst es fallen zu lassen! Ist Gott in diesem Kind? Ist sein Friedensreich so zerbrechlich wie der kleine Säugling in meiner Hand?

Ich schaue dem kleinen Kind in die Augen und es schaut zurück, und da weiß ich es ganz sicher. Ich habe das Licht der Welt in meinen Armen getragen.

Inhalt

★ ★ ★

Druck und Bindung: Kösel, Krugzell
Illustrationen: Matthias Morgenroth, München
Umschlagillustration: Matthias Morgenroth, München
Umschlaggestaltung: fuchs_design, München
Layout und Herstellung: Armin Köhler, Vaterstetten
ISBN 3-466-36697-6

Gedruckt auf umweltfreundlich hergestelltem Bilderdruckpapier
(säurefrei und chlorfrei gebleicht)